AF355736

HENRIETTE CELARIÉ

MADAME DE SÉVIGNÉ

SA FAMILLE ET SES AMIS

Avec quatre planches hors texte

LIBRAIRIE ARMAND COLIN
103, Boulevard Saint-Michel, PARIS

MADAME DE SÉVIGNÉ

SA FAMILLE ET SES AMIS

DU MÊME AUTEUR

A la même librairie

Au Pair (une Française en Allemagne.) . . . . 1 vol.

Petite Novia (une Française en Espagne). . . . . 1 vol.

La Bague antique (une Française en Sicile.) . . . . 1 vol.

Chez Hachette et Cie

Un mois en Corse (avec illustrations) . . . . 1 vol.

Un mois au Maroc (avec illustrations) . . . . 1 vol.

Un mois en Algérie et en Tunisie (avec illustrations) . . . . . . 1 vol.

Nos sœurs Musulmanes (Scènes de la vie au désert). . . . . . . 1 vol.

Chez Plon-Nourrit et Cie

Gilberte, ma sœur. . . . . 1 vol.

Monique la Romanesque. . . . . 1 vol.

Mes cousines. . . . . 1 vol.

L'Étrange aventure. . . . . 1 vol

Ma Vignole. . . . . 1 vol.

Chez Bloud et Gay

En Esclavage. . . . . 1 vol.
(Couronné par l'Académie française).

Quand « Ils » étaient à St-Quentin. . . . . 1 vol.

Le Martyre de Lille. . . . . 1 vol.
(Grand prix de la Ligue du Souvenir.)

Chez Gedalge et Cie

Au delà du Rhin. . . . . 1 vol

Sous les obus. . . . . 1 vol.

MADAME DE SÉVIGNÉ
par FERDINAND ELLE (1612-1689).
(Musée de Versailles.)

Pl. I.   *Madame de Sévigné.*

HENRIETTE CELARIÉ

MADAME DE SÉVIGNÉ

SA FAMILLE ET SES AMIS

Avec quatre planches hors texte

> « ...Mon ami le public fait toujours bien :
> il loue quand on fait bien et, comme
> il a bon nez, il n'est pas longtemps la
> dupe et blâme quand on fait mal. »
> MADAME DE SÉVIGNÉ

LIBRAIRIE ARMAND COLIN

103, Boulevard Saint-Michel, PARIS

1925

A Madame Jean Dacher

qui aime et comprend la vieille France.

H. C.

AVANT-PROPOS

« *Un nouveau livre sur Madame de Sévigné! Vraiment!
Le besoin s'en faisait-il sentir? Tant d'études dont quelques-
unes sont magistrales ont été publiées sur ce sujet!* »...

Je le sais et ma confusion s'augmente de penser que, là
où il aurait fallu un érudit, — et quel érudit! le plus délicat, le plus fin, le plus aimable, — j'apporte seulement les
résultats d'une lecture patiente et attentive.

Pour m'encourager et de même qu'on se place sous une
égide, j'ai, en épigraphe, inscrit une phrase glanée au cours
de mon travail. Il me semble qu'elle me rendra le lecteur
indulgent, non point celui qui est de loisir et peut lui-même
s'abreuver aux sources, mais celui qui manque de temps
pour se plonger en de gros in-folio.

A celui-ci, — et reprenant une phrase de Frédéric
Masson en la modifiant à peine, — j'ose offrir le trésor des
joies et des douleurs et des dévouements de « cette morte
qui a fait tant d'heureux depuis deux siècles tantôt qu'elle
est morte... »

H. C.

MADAME DE SÉVIGNÉ

CHAPITRE PREMIER

« OISEAUX DE PASSAGE... » ET AUTRES

Un jour de février 1626; un jour qu'on peut supposer bas et froid. Dans la grande chambre située à l'étage, au-dessus de la « salle haute » de l'Hôtel de Coulanges, place Royale, un feu de fagots et de grosses bûches brûle avec des crépitements, des flammes vives.

Le mobilier de cette chambre, nous le connaissons d'une manière précise[1]. Deux lits majestueux s'y trouvent avec leurs « pantes », leurs rideaux, leurs cantonnières, leurs fonds et dossiers, leurs fourreaux de piliers et bouquets de soie; mais ces garnitures sont différentes. L'une, en satin de Chine, est toute chamarrée de crépines et *molets* de soie d'or et d'argent. L'autre est en drap de couleur bleu céleste, doublé de

---

1. Un inventaire fut dressé à la mort du baron de Rabutin-Chantal (Celse, Bénigne), père de Madame de Sévigné.

taffetas blanc et bleu avec une couverture traînante, piquée et de même taffetas enrichi de franges et de crépines.

Des fauteuils de noyer à hauts dossiers ont leurs housses, les unes en satin de Chine, les autres en drap bleu. Des housses garnies de franges emboîtent les tables jusqu'aux pieds. Il y a six chaises à vertugadin et nombre d'« escabeaux ployans » couverts de satin de Chine ou d'une tapisserie toute neuve, fort brillante, car elle est de plusieurs couleurs de point de Hongrie. Un tapis de Turquie à demi usé est placé près d'un des grands lits. Sur la cheminée, quatre flambeaux d'argent. Une aiguière couverte, également en argent, chante sur un petit réchaud, d'argent lui aussi.

Dans la haute pièce, des femmes vont et viennent, faisant les gestes de celles qui, dans les vieilles tapisseries, s'empressent, attentives et silencieuses, auprès du lit de l'accouchée. Elles ont des coiffes simples, de vastes cols de lingerie et portent cotillon froncé sur de gros bas avec des souliers plats. L'une d'elles remplit d'eau tiède, « un bassin en ovale » fait d'argent. Peut-être, est-ce cette Anna Gohory dont nous ne savons rien, sinon que, chambrière de la comtesse de Rabutin-Chantal, mère de la petite Marie qui vient de naître en ce sixième jour de février 1626, elle éleva en partie l'enfant devenue orpheline et demeura plus de vingt ans auprès d'elle.

Incarnation d'une fidélité, d'un dévouement bien moins fréquents autrefois que nous ne nous l'imaginons volontiers, Anna Gohory offre, pour nous, cet intérêt, d'avoir été la plus ancienne, en date, de toutes les servantes de Madame de Sévigné.

***

Parce qu'ils ont vécu avant nous, nous croyons volontiers que nos ancêtres ont connu une vie plus facile que la nôtre. Pas toujours et pas en tout. Il y a même une secrète consolation à les voir aux prises avec des tracas qui, pour ne pas être aussi aigus que ceux que nous subissons, n'en étaient pas moins pressants.

Quelle est, pour une maîtresse de maison, la question essentielle? Celle des domestiques, de leur recrutement, de leur docilité, de leur probité.

Voyons un peu comment Madame de Sévigné vivait avec ses gens et, d'abord, de quoi se composait le personnel d'une grande dame au XVIIe siècle.

Le bon Perrault, dans sa manière qui est délicieuse, dit qu'au château de la Belle au Bois-Dormant, la fée, pour les endormir, toucha de sa baguette « les femmes de chambre, maîtres d'hôtel, cuisiniers, marmitons, galopins, gardes, suisses, pages, valets de pied »; mais il s'agit là de la maison d'une princesse, fille d'un roi.

Le train d'un particulier était plus modeste. Sans doute, Madame de Grignan a quatre personnes à la cuisine. C'est prodigalité! « Où va-t-on avec de telles dépenses et à quoi servent tant de gens », gronde sa mère. « Est-ce une table que la vôtre pour en occuper seulement deux? L'air de Lachan[1] et sa perruque vous coûtent bien cher. Je suis fort mal contente de ce désordre; ne sauriez-vous en être la maîtresse? Tout est double et triple chez vous. »

Ce n'est pas exagérer. Un jour, Madame de Grignan compte que, sans les gardes, elle occupe, au château, soixante-quatre serviteurs !

Plus raisonnable, moins glorieuse surtout, conciliant la nécessité de représenter et de ménager la dépense, Madame de Sévigné se contente d'un cuisinier et de son aide. Deux laquais suffisent : « Tout est cher à Paris »; mais on ne peut guère en avoir moins. Il faut garder son rang; les laquais, par leur nombre, donnent idée de l'importance de leur maître :

« Que l'on a bien fait, remarquait Pascal, de distinguer les hommes par l'extérieur plus que par les qualités intérieures. Qui passera de nous deux? Qui cèdera la place à l'autre? Le moins habile. Mais je suis aussi habile que lui. Il faudra se battre sur cela. *Il a quatre laquais et je n'en ai qu'un*, cela est visible; il n'y a qu'à compter; c'est à moi à céder et je suis un sot si je conteste. »

A la maison, les laquais « mettent sur table », introduisent les visiteurs. Si Madame de Sévigné sort, ils se tiennent accrochés aux courroies derrière le carrosse qu'ils précèdent, le soir, avec des flambeaux.

Aux laquais la marquise ajoute deux femmes de chambre : Hélène et Marie. Son oncle l'abbé de Cou-

---

1. Maître d'hôtel.

langes a, pour son service particulier, une brave créature : Marie Beruyer que l'on a surnommée la *Colm*,
la *bonne Colm*, et à qui l'abbé, en mourant, lègue la
somme de deux cents livres, pour « son bon ménage et
sa fidélité... pendant quinze ans, environ ».

Tous ces gens sont menés par Beaulieu, le maître
d'hôtel. Beaulieu est marié. En octobre 1675, sa femme
doit accoucher et se trompe dans les dates : « Ces
créatures-là ne comptent point juste... »

Avec Beaulieu, il arrive que Madame de Sévigné se
plaise à bavarder. C'est un homme de bon sens, au
courant des menus faits de la ville. Durant l'été de
1672, les théâtres sont dégarnis. Nul n'a le cœur à se
distraire. Les jeunes gens sont au feu, en Hollande, d'où
l'on reçoit des nouvelles de victoires, mais aussi de
morts, de blessés : « Tout le monde pleure ou craint
de pleurer. » Madame de Sévigné le remarque et Beaulieu s'exclame, avec un ton d'importance qui dut être
impayable :

« Madame, il n'y a plus que des garçons de bou-
tique à la comédie; il n'y a pas seulement des filous, ni
des pages, ni des grands laquais : tout est à l'armée... »

« Quand on voit un homme dans les rues avec une
épée, ajoute Madame de Sévigné, les petits enfants
crient sur lui... »

Les années passent; Beaulieu finit par faire partie de
la famille. On ne le traite plus tout à fait comme un
domestique. Le jeune marquis de Grignan s'arrête-t-il à
Paris, au retour d'une de ses campagnes? Beaulieu, qui
est demeuré à Carnavalet, le voit et c'est à lui, l'homme

de confiance, que Madame de Sévigné, alors aux Rochers, demande son impression sur le petit colonel avec « mille détails ».

Ce brave Beaulieu! Il y a plaisir à le voir prendre les intérêts de sa maîtresse. Autant que les siens propres. Un manque d'égards à Madame de Sévigné irrite sa susceptibilité. Un jour, la marquise étant en Bretagne, Beaulieu va, de sa part, chez M. de la Trousse.

A la porte de l'appartement, il entend M. de la Trousse ordonner à ses gens :

« Qu'il n'entre pas! qu'on lui dise que je remercie Madame de Sévigné de son compliment... »

Sur quoi, Beaulieu conte en détail à sa maîtresse que, partout, il est bien reçu; toujours, on lui demande des nouvelles de Madame de Sévigné... Ce M. de la Trousse, voyez un peu! Est-ce d'avoir été fait, récemment, chevalier du Saint-Esprit qui le rend si glorieux? En ce cas, il n'aurait pas dû envoyer tous ses mulets et tout son train dans l'écurie de la « Carnavalette » pour y mettre le feu!

Beaulieu qui a été « offensé » et qui est « en colère » dit ce qu'il a sur le cœur. Madame de Sévigné en rit, mais elle sait ce que vaut son vieux serviteur; quand il vient à mourir, à quelque temps de là, elle s'attriste; et, six mois plus tard, la femme du pauvre Beaulieu mourant à son tour de chagrin, Madame de Sévigné prononce leur oraison funèbre : « Je regrette fort cette perte car ces gens-là me servaient fort bien. » Voilà, dira-t-on, qui n'est pas sans égoïsme. Pourtant, soyons à peu près sûrs que, suivant son habitude, lorsqu'elle est émue, les « grosses larmes » sont tombées des yeux de la marquise.

.*.

A Livry, Madame de Sévigné eut longtemps un jardinier, dont elle conserva la veuve comme gardienne de l'abbaye. Madame Paul, c'est « l'austère, l'antique et grossière vertu ». On le croyait et l'on se trompait !

Ne s'amourache-t-elle pas « d'un grand benêt de vingt-cinq ou vingt-six ans qu'elle avait pris pour faire le jardin? Vraiment, il a fait un beau ménage ! »

Madame Paul le veut épouser : « Ce garçon est brutal, il est fou, il la battra bientôt; il l'a déjà menacée. » Sa maîtresse le lui dit. Allez donc faire entendre raison à une femme dont la tête est « renversée » par l'amour! Elle en veut passer par le mariage : « Je n'ai jamais vu tant de passion : ce sont les plus beaux violents sentiments qu'on puisse imaginer; mais ils sont croqués comme les grosses peintures; toutes les couleurs y sont, il n'y aura qu'à les étaler. »

Quand on croit atteindre l'objet de son désir, c'est souvent le moment où l'on va être le plus malheureux. L'histoire de Madame Paul? on la pourrait intituler : « L'autre danger » — déjà ! — ou plutôt : « Les caprices de l'amour. » Madame Paul a une fille : Marie.

« Ma fille, remarque Madame de Sévigné, cela ne vaut rien; je vous le dis franchement : je vous aurois fait cacher si j'avois voulu être aimée. » Madame Paul

est moins méfiante ou moins perspicace. Son « grand
benêt d'amant », qui n'a pas les yeux dans sa poche,
s'aperçoit « qu'il a mal tiré en tirant sur la jardinière et
il vise à Marie », Marie qui n'a pas vingt ans et qui est
« bien jolie, bien douce ».

Ce qui se passe à Livry est « ce qui fait tous les
romans, toutes les comédies, toutes les tragédies... Il
me semble que je vois un de ces petits amours qui sont
si bien dépeints dans le prologue de l'*Aminte*, qui se
cachent et qui demeurent dans les forêts... »

Une amoureuse sur le retour, une ingénue, un « original grossier », si Madame de Grignan était à Livry,
elle se divertirait extrêmement : « Pour moi, dit la
marquise, j'en suis occupée et j'emmène Marie pour
l'empêcher de couper l'herbe sous le pied de sa mère.
Ces pauvres mères ! »

Excellente idée, d'engager Marie. C'est une fille
sérieuse, dévouée. Madame de Sévigné l'apprécie si
bien que, peu après, partant pour la Provence, elle lui
confie la petite Marie-Blanche qui « l'aime et connaît
fort ».

***

Quand Madame de Sévigné se rendait aux Rochers,
elle emmenait, au moins, l'une de ses femmes de
chambre et son « infanterie » : Beaulieu avec ses laquais
que Madame de Grignan appelait, en riant, « les petits
laquais de ma mère ».

Va-t-elle se promener dans ses bois jusqu'à des

huit heures du soir, son « infanterie » l'accompagne.
« Quoique, dit-elle, les loups n'aiment pas les cotrets,
ils feroient un assez bon repas de ma personne[1]. »

L'escorte est discrète et n'empêche pas la prome-
neuse de jouir de ses allées, de leur beauté, de leur
tranquillité ou de s'arrêter à bavarder longtemps avec
Pilois, l'honnête Pilois auquel elle est fort attachée.

Durant l'automne de 1676, la dysenterie et les
fièvres pourprées éclatent en Bretagne : « Tout le
monde se meurt aux Rochers et à Vitré. » Deux ouvriers
qui travaillaient au château périssent. Dieu soit loué !
Pilois est épargné ! Mais sa maîtresse le dit : « J'ai
tremblé pour lui ! »

Avec Pilois, la marquise avait, aux Rochers, un
régisseur : *Vaillant*, brave homme et fidèle mais moins
au courant des affaires de Madame de Sévigné que le
« Bien Bon ». Pendant deux années (1675, 1676), elle
employa, aussi dans sa propriété, un nommé Rahuel
qu'elle avait occupé comme concierge de la tour Sévigné, à Vitré. Ce Rahuel, nous le connaissons par
le « dialogue admirable » qu'il eut, certain jour, avec le
Chevalier de Buous, lequel, passant par Vitré, s'amusa
à faire conter au bonhomme « ce que c'étoit que
M. de Grignan » et qui étoit Mme de Sévigné. Rahuel
disoit : « Ce M. de Grignan, c'est un homme de grande
condition ; il est le premier de la Provence ; mais il y a
bien loin d'ici. Madame auroit bien mieux fait de marier
Mademoiselle auprès de Rennes... »

1. Les loups avaient à peine depuis quelques années disparu de la
région.

Le chevalier écoutait, dit Madame de Sévigné, « et se divertissoit fort ».

*
* *

Les domestiques du vieux temps n'étaient pas tous parfaits. Sans parler de ceux qui ne voulaient point sortir de leurs attributions et refusaient de faner quoi que ce soit « la plus jolie chose du monde », il y avait ceux qui sont stupides, négligents ou étourdis. Bussy-Rabutin reçoit ses cousins de Toulongeon. Que fait leur postillon? Il met le feu dans les écuries. Deux chevaux appartenant à Bussy sont brûlés. Grosse perte à quoi s'ajoute celle des bâtiments : « Si la fortune ne m'avoit dressé au malheur, écrit Bussy, je romprois la tête à tout le monde, sur cela, de mes lamentations... »

Il y avait les larrons pleins de hardiesse. Souvenons-nous de ce qui s'est passé, en 1690, chez Madame de La Fayette. C'était une après-dînée; elle était dans sa chambre, étendue sur son lit, languissante comme d'habitude. Il y avait cinq cents écus en louis d'or dans un petit cabinet voisin ; personne n'entre dans ce petit cabinet que ses deux filles de chambre, son valet de chambre et ses laquais. Cependant, les cinq cents écus sont volés et si mystérieusement, si adroitement que, des quatre domestiques, on ne sait lequel soupçonner et que Madame de La Fayette a l'angoisse de demeurer au milieu d'eux, servie par l'un d'eux qui, assurément, est un voleur : « Cela trouble une personne déjà accablée par tant de maux. »

Il y avait la troupe des mécontents. Que disaient-ils? Ce que disent ceux d'aujourd'hui. A Grignan, dont la « grande chère » est célèbre, les serviteurs affirment qu'ils meurent de faim. Est-ce possible? Mais eux : « C'est le maître d'hôtel qui ne nous nourrit pas, tandis que lui fait très bonne chère avec ses amis ».

Qu'il y a-t-il de vrai dans ces plaintes? « Elles sont fausses, déclare Madame de Sévigné, elles sont exagérées. »

De toute façon, elles sont fâcheuses : « elles donnent mauvaise réputation à une maison ».

Parmi les servantes, les plus exigeantes ont toujours été les nourrices; elles savent qu'on tient à leurs services et en abusent : « Ces sortes de créatures sont des oiseaux de passage... », mais il faut les souffrir, « à cause des pauvres enfants » qui se sentent toute leur vie d'une mauvaise nourriture.

Madame de Grignan en a une pour la petite Pauline. Cette femme est insupportable : méchante, toujours en colère, impossible à contenter. Faiseuse d'histoires, par surcroît. Son mari est à Paris. Du fond de la Provence, de Grignan, elle le dépêche à Madame de Sévigné :

« Il vient crier miséricorde : que sa femme lui avoit mandé qu'on ne lui donnoit pas ses aliments et qu'on l'avoit accusée d'avoir du mal. »

Déjà, pour prouver la calomnie, dont elle était victime, la nourrice s'était dépouillée, toute nue devant Madame de Grignan. Quel tableau !

« Pour le premier article, écrit Madame de Sévigné,

je lui dis qu'à Grignan on donnoit à la nourrice tout ce
qu'il y avoit de meilleur sur la table; pour l'autre article,
je lui dis qu'il étoit fou et que je ne croyois pas ce qu'il
me disoit. Il s'emporta et dit qu'après l'honneur il n'y
avoit plus rien à quoi il tenoit plus au monde, que si sa
femme avoit du mal, elle était une p... et qu'il me
vouloit faire voir qu'il n'en avoit point. Sur cela, il fit
comme s'il eût voulu se déshabiller. Je le fis sortir de
ma chambre; il le fit en disant cent sottises et qu'il
alloit se plaindre à Madame de Villars. »

*
* *

Ces grands seigneurs du XVIIe siècle, ces grandes
dames, ces personnages que nous nous représentons
guindés, gourmés, Madame de Sévigné les fait descendre de leurs cadres dorés. Ils revivent et leur vie,
dans l'intimité, est bien plus simple que nous ne nous
l'imaginions. Avec eux, leurs domestiques se per-
mettaient des familiarités qu'ils n'oseraient plus prendre
aujourd'hui.

Un jour, aux Rochers, les deux femmes de
chambre Hélène et Marie trouvent plaisant de mys-
tifier leur maîtresse : « Bon, bon, dit Marie; nous
allons bien tromper Madame. » Elles font écrire une
lettre, la remettent comme étant d'une des amies de la
marquise. Avec sa « sotte simplicité » celle-ci donne
dans le panneau et, ayant lu la lettre, l'envoie en Provence, à Madame de Grignan :

« Vous me demandiez des lettres de Madame de La Fayette, tenez, mon ange, en voilà une, toute chaude. »

Soit dit en passant, l'écrivain public auquel les deux chambrières s'étaient adressées était loin d'être un sot. Pasticher Madame de La Fayette au point de tromper Madame de Sévigné !

La plaisanterie n'a que trop bien réussi. Voilà Hélène et Marie partagées entre « pâmer de rire et mourir de peur » :

« Comment, disoit Hélène, se moquer de sa maîtresse !

— Mais, disoit Marie, c'est pour rire, cela réjouira Madame la Comtesse. »

Cette Marie n'était pas seulement « bien jolie et bien douce », elle avait l'esprit déluré.

« Enfin, reprend Madame de Sévigné, elles ont tant tortillé autour de moi, qu'ayant tâté et trouvé le terrain favorable, elles m'ont avoué qu'elles avoient fait écrire cette lettre, elles m'ont dit qu'elle étoit encore toute mouillée, que je devois bien la reconnaître pour une friponnerie..., que, depuis trois nuits, elles ne dormoient pas et qu'enfin elles me demandoient pardon... »

Se fâcher ! La marquise a bien trop d'esprit ; pour Madame de Grignan qui adore les mystifications surtout si c'est une autre qui en est victime, elle fait savoir qu'elle est fort aise de la friponnerie des deux servantes...

CHAPITRE II

L'ART D'ÊTRE BELLE-MÈRE

C'en est un et qui requiert plus de tact, de finesse, de maîtrise de soi et d'abnégation qu'aucun autre. La bonne grâce n'y nuit pas. Au contraire. Madame de Sévigné est là pour l'enseigner.

Quand, après deux projets de mariage qui ne réussirent pas, elle finit par trouver pour « la plus jolie fille de France » qui allait sur ses vingt-trois ans, « le plus souhaitable » des maris, une grande joie, une grande fierté remplirent assurément son cœur. Cette joie, toutefois, ne fut pas sans mélange. Il est dur, pour une mère, de donner sa fille à un époux.

On sait qui était celui-ci. Né vers 1629, déjà veuf deux fois, « usant presque autant de femmes que d'habits ou, du moins, de carrosses », son âge ne le place pas à mi-chemin entre sa femme et sa belle-mère comme il en va d'habitude; il est bien plus près de l'une que de l'autre[1]. Cela valait d'être noté. Madame de Sévigné

---

1. Si M. de Grignan a trois ans de moins que sa belle-mère, il a dix-sept ans de plus que sa femme.

et M. de Grignan appartiennent à la même génération. Leurs idées, leurs goûts, leur manière générale d'apprécier les faits doivent souvent s'accorder. Madame de Sévigné le reconnaît : « Nous avons, lui et moi, les mêmes symptômes. »

Songeons, en outre, qu'avec son aimable empressement, son éclatante carnation, Madame de Sévigné est loin de paraître son âge. A quarante-trois ans, elle n'est pas du tout « une vieille maman ».

« Toujours fraîche et toujours blonde[1] » et ne renonçant pas à la qualité de « mère-beauté » dont l'honore son cousin Coulanges, elle est une belle-mère à qui un gendre peut avoir plaisir à faire plaisir.

L'occasion ne tarde pas à s'en présenter. Quand Mademoiselle de Sévigné s'était mariée, on s'était flatté que M. de Grignan obtiendrait une charge à la cour; mais, en pleine lune de miel, il doit se rendre en Provence. Service du Roi. Va-t-il emmener la comtesse? Ah! mon Dieu! si loin! A l'autre bout de la France! Pourquoi pas? Ce *barbon*[2] est infiniment épris de sa femme : « il l'adore, il ne peut se lasser d'être auprès d'elle et peut à peine comprendre son bonheur ».

Madame de Sévigné s'alarme. Elle allègue ses motifs :

« Mon cher Comte, songez à ce que vous voulez faire. Que de lieues de chemin, que de couchées, que de fatigues jusqu'en Provence! Votre femme commence une seconde grossesse. Voulez-vous la tuer! Il y aurait

1. Vers de Bussy-Rabutin.
2. Il a quarante ans.

bien de l'imprudence à la mettre sur les routes en cet état... Ce n'est pas par plaisir, c'est par sagesse qu'elle doit demeurer ici... Songez aux carrosses qui versent... Le Rhône me fait une peur étrange... Songez à l'accident qu'elle eut, il y a quelques mois, et comme elle fut blessée rien que par la frayeur qu'elle éprouva de la chute de cheval que son beau-frère fit sous ses yeux... Ayez pitié de moi, mon cher Comte, conservez-moi ma fille si vous voulez que je vive. Rien ne sera si bon pour sa santé que d'accoucher (ici) au milieu de ce qu'il y a de plus habile... »

A des discours si vrais, si persuasifs, M. de Grignan « n'a pas le mot à dire ». Il cède. Ce n'est pas assez. Il faut l'amener à être satisfait de ce qui cause son ennui. Où une autre échouerait, Madame de Sévigné triomphe. Elle porte à tout ce qu'elle fait une grâce innée et, si du fond de la Provence le comte de Grignan écrit à sa femme, il écrit aussi à sa belle-mère « la plus aimable lettre du monde ».

De son côté, elle montre mille prévenances. M. de Grignan est-il souffrant? Elle se tourmente : « sa maigreur, sa langueur, sa colique, sa bile répandue et cette disposition de fièvre me donnent une véritable inquiétude; il n'a point assez pris de quinquina... »

Mille fois le jour, elle songe à son gendre, aux « bourrasques de bile » qui l'assaillent, elle voudrait le soulager. On lui fait prendre de la bouillie de riz. Que c'est fade! « Redonnez des esprits et de la vie à un pauvre homme exténué et dont le défaut est d'être trop sujet à dormir. »

Quand il guérit, elle se réjouit.

Avec quelle gentillesse ne sollicite-t-elle pas l'affection du comte : « S'il y a une petite place de reste dans votre cœur, vous me ferez plaisir de me la donner, car vous en avez une très grande dans le mien ». Et, une autre fois : « Adieu, mon très cher, je vous défends de m'écrire, mais je vous conjure de m'aimer. Pour moi, je vous aime ; il y a si longtemps que je ne crois plus qu'il soit besoin de vous le dire. »

Fi des formules compassées ou « séchettes », dont nombre de belles-mères usent quand elles écrivent à leur gendre. Madame de Sévigné y va d'un plus grand élan et, puisque le comte de Grignan est devenu son fils : « Je vous embrasse, dit-elle, de toute la tendresse de mon cœur. »

Ce n'est pas une vaine formule. Elle aime son gendre parce qu'avec lui, et par lui, sa fille sera heureuse. Dans cette « amitié », elle fait les avances et, « pour être aimée, elle aime la première ». C'est le plus sûr chemin de gagner un cœur.

Néanmoins, elle comprit très vite quel risque il y avait à séparer de nouveau-mariés. Loin de la comtesse M. de Grignan ne va-t-il pas se détacher d'elle ? Autre crainte : dans sa solitude, l'absent peut se tracasser et son humeur tourner au sombre : il est vieux déjà et abuse du droit qu'ont les hommes d'être laids. De méchants bruits peuvent lui revenir aux oreilles. Les gens bien intentionnés ne manquent pas, qui interprètent de façon perfide les actions, les paroles d'une jeune épousée et avertissent le mari.

Il faut donc persuader le comte qu'il est aimé
« d'une amour parfaite ». Madame de Sévigné s'y
emploie sans se lasser. On peut la croire : elle est
« fort délicate en amitié et ne s'y connaît pas trop mal. »
Je ne crois point, dit-elle, qu'on puisse plus vous aimer
qu'elle ne vous aime... Elle vous aime si tendrement!...
Sans compter qu'elle est si jolie femme que « vous ne
pourrez jamais en faire assez pour vous acquitter
envers elle. »

Le 15 novembre 1670, Madame de Grignan accouche.
Ardemment, elle souhaitait un fils. Et, d'abord, on
croit que c'en est un; puis « nous le regardâmes de plus
près ; nous trouvâmes que c'étoit une petite fille ». Son
mari, en partant, « ne lui en avait laissé qu'une, elle la
lui rend. S'il a envie d'avoir un fils qu'il prenne la peine
de le faire ». Qui dit cela? Une amie, Madame de
Puiseux, mais le propos a fait rire Madame de Sévigné
et elle le rapporte.

Aussitôt rétablie, Madame de Grignan veut partir
« pour Provence ». Madame de Sévigné va-t-elle se
répandre en vaines lamentations? Rien n'ennuie tant
un homme et ce serait ici déplacé. Ce départ qui désole
la mère comble de joie le mari. La marquise le comprend. A peine une allusion au chagrin qu'elle va
éprouver : « Je serai bientôt dans l'état où vous me
vîtes l'an passé[1]. »

Tout de suite, elle reprend le ton de badinage : « Il
faut que je vous aime bien pour vous envoyer ma fille

1. Quand elle apprit que le comte de Grignan était nommé lieutenant
général en Provence.

par un si mauvais temps. Quelle folie de quitter une si bonne mère, dont vous m'assurez qu'elle est si contente, pour aller chercher un homme, au bout de la France! Je vous assure qu'il n'y a rien qui choque tant la bienséance que ces sortes de conduite. »

Heureusement pour Madame de Sévigné, le temps qui était mauvais devient détestable : « Toutes les rivières sont débordées; tous les grands chemins sont noyés; toutes les ornières sont cachées; on peut fort bien verser dans tous les gués » et, si Madame de Sévigné ne prétend pas qu'en janvier sa fille évite le froid et les boues, du moins ne veut-elle pas la voir noyée!

Quelques jours de répit sont donnés à la pauvre mère, mais ils n'offrent point d'agrément : « On ne prend aucun plaisir; on a toujours le cœur serré... » Madame de Grignan est souvent dehors et constamment occupée : préparatifs à faire, devoirs à rendre aux puissants.

Le moment du départ arrive. La belle Madelonne monte dans le carrosse de d'Hacqueville, l'ami si obligeant qu'on l'avait surnommé : les d'Hacqueville.

On l'appelle; elle se tourne; c'est cette « pauvre mère qu'elle laisse et qui pour la voir une dernière fois se penche par une des fenêtres du degré[1] ». Ses larmes tombent de ses yeux par terre « comme si c'étoit de l'eau qu'on eût répandue ». Elle est en de tels transports de douleur qu'elle avouera plus tard avoir pensé à se jeter par la fenêtre, car « elle est folle quelquefois ».

---

1. Madame de Sévigné habitait alors rue de Thorigny.

M. de Grignan est venu au-devant de sa femme, à une petite distance de Montélimar. Qu'il est heureux de revoir « un si joli visage et si doux et si régulier! » Mais a-t-on nulle part rencontré homme aussi imprudent! N'y a-t-il pas de quoi transir en apprenant ce qu'il a fait! « Ce Rhône qui fait peur à tout le monde, ce pont d'Avignon où l'on a tort de passer même après avoir pris toutes ses mesures », quel moment choisit-il pour le faire traverser à la comtesse? Celui d'un orage!

C'est miracle que Madame de Grignan et son mari, « qui feroit bien mieux d'être timide et de dire à sa femme que, si elle n'a point peur, il a peur pour elle », n'aient été noyés en un moment. Mais chez la plus aimable des belles-mères, « la colère ne tient à guère, la tendresse tient à beaucoup ». Après avoir déclaré que c'est à son gendre qu'elle s'en prend, elle termine en l'embrassant, « malgré le pont d'Avignon[1] ».

*
* *

La folie de nombre de belles-mères est de vouloir gouverner le ménage de leurs enfants, le mener à leur guise.

Madame de Sévigné est trop avisée pour devenir une donneuse de conseils, dont le résultat le plus sûr est

---

1. Par la suite, on sut que l'imprudence était due au coadjuteur de Grignan « qui est perdu d'avoir encore ce crime avec tant d'autres ». Et il faut que Madame de Grignan embrasse son cher mari, pour tout l'amour qu'elle a de sa mère ».

d'indisposer un gendre; mais elle aime trop sa fille pour ne pas, quand elle le croit nécessaire, faire entendre son avis.

Voici, d'abord, qui est charmant, qui s'adresse à la belle Madelonne peu après son mariage. On le goûtera d'autant mieux si l'on veut bien se rappeler la grande différence d'âge qu'il y avait entre la jeune femme et son mari : « Je trouve que M. de Grignan, avec tout ce qu'il vous est déjà, est encore votre vraie bonne compagnie; c'est lui, ce me semble, que vous entendez. Conservez bien la joie de son cœur par la tendresse du vôtre et faites votre compte que si vous ne m'aimiez pas tous deux, chacun selon votre degré de gloire, en vérité, vous seriez des ingrats. »

Puis ce sont des phrases jetées comme négligemment, mais à maintes reprises, sans se lasser, quand les folles dépenses des Grignan épouvantent justement la marquise :

« Mettez au premier rang de vos desseins celui de ne vous point abîmer par une extrême dépense... » « Soyez seule maîtresse, c'est le salut de la maison de Grignan... »

Qu'on n'essaye point de lui donner le change! Elle ne se laisse pas abuser; elle descend aux moindres détails : M. de Grignan a envie d'un très beau justaucorps. C'est une affaire de sept ou huit cents francs. La belle-mère connaît la garde-robe du gendre et interroge : « Qu'est devenu le justaucorps que M. de Grignan avoit auparavant? On ne donne guère de ces sortes de guenilles et les morceaux en sont bons. Sauvez au moins quelque chose de l'excessive dépense... »

Un peu plus tard, Madame de Sévigné apprend qu'un nouveau gentilhomme fait partie de la maison du comte. Elle prend son gendre lui-même à parti : « Mettez votre esprit et votre grandeur mêmes, M. le Comte, à sauver votre maison, votre femme, votre enfant et acquitter vos dettes, et non pas à vous laisser sucer par des gens qui vous quitteront, quand vous ne leur serez plus bon à rien... »

Comment de tels conseils sont-ils reçus en Provence, n'a-t-elle pas passé la mesure?

« Vous ne me faites point connaître si les avis que je vous donne quelquefois sur votre dépense vous déplaisent ou non... » « Je crois, ma bonne, que l'amitié que j'ai pour vous et l'intérêt que je prends à tout ce qui vous touche vous doit faire recevoir agréablement ce que je vous dis. Mandez-moi si je me trompe. » Et une autre fois, avec plus de désinvolture et toute rieuse : « Si vous me demandez de quoi je me mêle de vous gronder ainsi, je vous répondrai que je me mêle de mes affaires... »

*
* *

Quand elle s'adresse directement à son gendre, sa manière est toute d'enjouement. Elle aime à le taquiner et le taquine sans cesse, jusqu'à le traiter de *Hibou*, parce que, grand chasseur, il a osé affirmer qu'il préférait une grive à sa femme. Avec lui, elle a toujours l'air « de jouer aux petits soufflets ». Dans ce qu'elle

lui décoche, il y a, constamment, un « air d'agacerie »
fort divertissant; M. de Grignan s'avise-t-il de dire à
sa femme qu'elle écrit de trop longues lettres et qu'assurément sa mère ne les lit qu'avec peine :

« Vraiment, s'exclame celle-ci, il se fait tort. Veut-
il que nous croyions qu'il n'a pas toujours lu les vôtres
avec transport! Si cela n'étoit pas, il en étoit bien
indigne. »

Et, à une autre reprise, avec le même enjouement :
« Si M. de Grignan, qui dit qu'on ne peut aimer les
longues lettres, avoit jamais eu cette pensée quand il
recevoit les vôtres, je présenterois requête pour vous
séparer et j'irois vous ôter à lui, au lieu d'aller en
Bretagne. »

Où, sans changer de ton, elle devient plus véhé-
mente, c'est lorsque des grossesses répétées lui font
craindre pour la santé et la vie de sa fille :

« Vous dites que ma fille ne devroit faire autre
chose que d'accoucher tant elle s'en acquitte bien. Eh!
Seigneur Dieu! fait-elle autre chose! Mais je vous
avertis que si, par tendresse et par pitié, vous ne
donnez quelque repos à cette jolie machine, vous la
détruirez infailliblement et ce sera dommage. Voilà la
pensée que je veux vous donner, mon cher Comte, qui,
comme vous voyez, n'est pas du dimanche gras. »

Sur ce sujet, elle insiste; elle ne craint pas les allusions gaillardes : « Si M. de Grignan vous aime et qu'il
n'ait pas entrepris de vous tuer, je sais bien ce qu'il
fera ou plutôt ce qu'il ne fera pas... »

Elle donne des conseils de *matrone* : « Si, après cette

couche-ci (octobre 1671), M. de Grignan ne vous donne
pas quelque repos comme on fait à une bonne terre, bien
loin d'être persuadée de son amitié, je croirai qu'il veut
se défaire de vous; et le moyen de résister à ces continuelles fatigues? Il n'y a ni jeunesse, ni santé qui n'en
soient détruites! »

Que va répondre M. de Grignan? Sa belle-mère
n'est pas femme à faire la renchérie; aussi, du tac
au tac :

« Il n'y a personne qui n'en eût fait autant à ma
place.

— Ah! mon cher Comte, je le crois assurément.
Vous me payez de raison et vous le prenez sur un ton
qui mérite qu'on vous pardonne, mais songez, pourtant,
que la jeunesse, la beauté, la santé, la gaieté et la vie
d'une femme que vous aimez, toutes ces choses sont
détruites par les rechutes fréquentes du mal que vous
faites souffrir... Quand on aime une femme, quelquefois
on en a pitié... J'embrasse ce fripon de Grignan malgré
son forfait. »

Là-dessus, le « fripon » se venge. Il dit... il dit
qu'il embrasse sa belle-mère! Voyez un peu. Cela lui
vaut le plus joli, le plus spirituel, le plus étourdissant
des couplets. Les « *tu* » et les « *vous* » s'y mélangent.
Va-t-on prendre des formes avec ce Grignan qui se
gêne si peu! »

« Vous perdez le respect, mon pauvre Grignan!
Viens donc un peu jouer dans mon mail, je t'en conjure, il y fait si beau; j'ai envie de vous voir jouer;
vous jouez de si bonne grâce, vous faites de si beaux

coups ! Vous êtes bien cruel de me refuser une promenade d'une heure seulement ! »

Mais M. de Grignan prend sa revanche. Certain voisin de campagne, M. de Revel, se montre un peu assidu auprès de la marquise. Aussitôt, M. de Grignan, s'écrie :

« Madame, ne me donnez pas un beau-père !

— Monsieur, soyez en repos ; je ne veux pas l'épouser ; il est trop galant... ! »

Voilà le ton, entre deux éclats de rire.

*
* *

Avec son gendre, Madame de Sévigné est « tout miel et tout sucre ».

Elle sait l'art de lui plaire, non en le flagornant, mais en lui disant les choses les plus obligeantes : « Rien n'est plus grand, nulle famille ne peut être plus aimable » (sous-entendu : que la sienne).

Le comte de Grignan n'est pas beau ; son nez, devenu célèbre, est « un des plus grands qui existe » ; sa barbe fort longue, de la couleur du corbeau, vraie « barbe de capucin », est « épineuse et cruelle ». C'est s'exposer, de baiser le « matou ». Mais sa prestance est « pleine de noblesse ». Si Adonis était plus beau, « du moins il n'étoit pas de si bonne mine... » et c'est là le « *tu autem* des Messieurs ».

Parle-t-on des gens de belle taille ? C'est lui qu'on nomme « le plus naturellement du monde ». Le comte est un provincial? Évidemment, mais c'est un Grignan, un grand seigneur. Là-dessus, « point d'illusion, point de contestation ». De l'esprit avec cela. En société, il a des « traits inimitables » pour leur *douceur*, leur *agrément*. Il chante « comme un ange »; son répertoire est étendu et varié; il est adroit, il joue fort bien à la paume et au volant; au mail, il va « en passe en deux coups et demi[1] »; c'est plaisir de le voir. Est-ce tout? Non pas! Il fait des vers et sait tourner galamment un sonnet; il est éloquent, de quoi sa belle-mère l'admire fort : « Comment, sans se troubler, peut-on prononcer une harangue quand tout le monde a les yeux sur vous et qu'il se fait un grand silence! » On dira : M. de Grignan n'est pas un « écriveux », mais, doit-il écrire, nul « ne sauroit le faire mieux, ni plus galamment, ni plus noblement, ni plus tendrement ». Aussi, ses lettres « font-elles toujours deux mois durant l'ornement de toutes les poches ». Où prend-il « ces sortes de pensées et ces tours nobles et galants qui font d'une satire la chose la plus obligeante du monde... Rien n'est pensé comme la fin de certains de ses billets, ni tourné si galamment! »

Et qu'on ne s'avise pas de parler de son indolence bien connue, de « sa paresse naturelle » devant sa belle-mère.

Elle a vite fait d'imposer silence aux médisants :

« M. de Grignan n'est point paresseux quand il

---

1. *Passe* se dit, au jeu du billard ou du mail, d'une porte ou archet où il faut que la bille ou la boule passe, selon les règles du jeu. *(Dictionnaire de Furetière.)*

s'agit du service du Roi... » « A l'assemblée des États
de Provence, personne n'a fait mieux que lui. » Par ses
mérites, il justifie la confiance du souverain; il est digne
de la charge qu'on lui a donnée et quelle charge! « De
tous ceux qui commandent dans les provinces,
M. de Grignan est le plus agréablement placé. » « Ce
n'est pas seulement par des phrases saucées dans
mille douceurs » que Madame de Sévigné conquiert
l'*amitié* de son gendre. Jamais elle ne laisse passer
une occasion de lui faire plaisir. Est-elle en Bretagne?
Elle lui expédie des confitures de moyeux (espèce de
prunes), car elle se rappelle le plaisir qu'elle a eu à lui
en voir « gober »; par surcroît, pendant que le voilà,
elle l'embrasse, quand « ce seroit le troisième jour » de
sa fameuse barbe, épineuse et cruelle.

Joue-t-on quelque nouvel opéra qui en vaille la
peine : celui de « Proserpine » mis en musique par
Lulli? Afin que M. de Grignan ait la joie de faire
chanter vingt mille fois :

> « ... Une mère
> Vaut-elle un époux! »

elle lui en envoie les principaux passages. Elle lui procure
des *motets* qu'il désire, car M. de Grignan est passionné
de musique; il compose, il exécute lui-même, « avec
assez d'agrément pour se faire apprécier des gens du
métier », et il a formé, à Grignan, un orchestre qu'il
aime à ouïr quand il est de loisir.

Plus tard, le comte est-il nommé chevalier du
Saint-Esprit, Madame de Sévigné lui fait la surprise,

et comme en s'excusant, de lui envoyer les insignes de
l'ordre :

« Voilà d'étranges présents : un ruban, une ceinture,
un petit pigeon, une ombre, un souffle, un rien ; c'est le
denier de la veuve... » Mais elle-même l'a porté à la
poste : « J'allai donc chez mon ami Orceau, à la poste ;
il regarda ce cordon et cette croix ; nous les remîmes
dans la petite boîte dont nous fîmes un paquet ; j'écrivis
le dessus ; il y mit un mot de sa main qui est le sauf-
conduit. Ainsi finit l'histoire du cordon bleu qui m'a
tant tourmentée... »

Le présent se complète du récit de la réception des
nouveaux chevaliers. La cérémonie eut lieu le jour de
l'an 1689 à Versailles et dura deux jours : d'abord les
profès avec de beaux habits et leurs colliers. Le lendemain, « c'étoient tous les autres ». Hormis le maréchal
de Bellefonds, qui s'était rendu totalement ridicule
parce que, — modestie ou indifférence, — il avait négligé
de mettre des rubans au bas de ses chausses, toute la
troupe était magnifique. « Il faut convenir que l'habit
est charmant, propre à faire valoir une belle taille, à
permettre de montrer de belles jambes. » Par dessus, le
manteau, somptueux, éblouissant, tissé d'un or rebrodé
d'or, et coûtant huit cents pistoles : « Il est une représentation de la majesté royale. »

Durant la cérémonie, de petits épisodes comiques
divertissent l'assistance : M. de la Trousse a sa perruque de travers : une de ses joues était découverte ; il
le sentait « il tirait toujours ce qui l'embarrassoit, qui
ne vouloit pas venir. » Ensuite, M. de Montchevreuil

et M. de Villars accrochent l'un à l'autre « leurs épées,
leurs rubans, leurs dentelles, tous leurs clinquants » et
les mêlent et les brouillent et les embarrassent et « toutes
les petites parties crochues étoient si parfaitement
entrelacées que nulle main d'homme ne put les séparer. »
Arrêt dans la cérémonie, dans les révérences ; il fallut
« les arracher de force et le plus fort l'emporta » ; mais
la palme du comique revint au bon d'Hocquincourt :
« ses chausses de page étant moins commodes que celles
qu'il a d'ordinaire, sa chemise n'y vouloit pas demeurer. »
« Il le sentoit et tâchoit incessamment d'y donner ordre
et ce fut toujours inutilement. » Tant et si bien que la
Dauphine qui suivait son manège n'y put tenir et
éclata de rire. Le Roi faillit l'imiter. Jamais, dans les
registres de l'ordre, « il ne s'étoit vu l'exemple d'une
telle aventure. » Le Roi dit le soir :

« C'est toujours moi qui soutiens ce pauvre d'Hocquincourt, car c'étoit la faute de son tailleur. »

*
* *

Mais Madame de Sévigné sait rendre à son gendre
des services plus importants. Dans les longs démêlés
que M. de Grignan a, en Provence, avec l'évêque de
Marseille, elle multiplie les démarches à la Cour ; elle
trouve « ses paroles les mieux rangées » pour défendre,
auprès des ministres, les intérêts du comte.

En toutes circonstances, elle fait agir ses amis, ses
parents : M. de Pomponne tant qu'il est bien en cour ;

M. de La Rochefoucauld et Madame de Coulanges,
l'une parce qu'elle est la propre nièce de Louvois ;
l'autre parce qu'il a l'amitié du ministre ; elle use de
l'influence de Madame de La Fayette : « Il me paroît
qu'elle a bien envie de servir M. de Grignan ; elle voit
bien clair à l'intérêt que j'y prends. » Se faisant elle-
même solliciteuse auprès des puissants, elle se rend à
Saint-Germain où elle affronte « les sourcils épais, le
regard austère, le pli de front redoutable, la *glace* »
enfin de Colbert : « Je lui parlai de cette pension [1],
je touchai un mot des occupations continuelles (de
M. de Grignan) et du zèle pour le service du Roi ; un
autre mot des extrêmes dépenses à quoi l'on est obligé,
qui ne permettoient pas de rien négliger pour les soutenir, que c'étoit avec peine que M. de Grignan et moi
l'importunions de cette affaire : tout cela étoit plus
court et mieux rangé mais je n'aurai nulle fatigue à vous
dire la réponse : « Madame, j'en aurai soin, » et me
ramène à sa porte ».

Elle s'entremet si bien auprès de l'un, de l'autre,
que M. de Grignan l'appelle « son petit ministre » et
qu'elle a, comme elle le dit, « le plaisir de croire qu'elle
peut être bonne à quelque chose ».

.*.

Ainsi, sut-elle gagner l'affection de son gendre et
quand vint, pour elle, la grande affaire qui « est l'affaire

1. Il s'agit d'une pension qui avait été promise à M. de Grignan (1676).

de tout le monde », la mort, M. de Grignan, si peu expansif de nature, trouva, pour exprimer sa peine, des termes qui sont dans toutes les mémoires : « Ce n'est pas seulement une belle-mère que je perds : c'est une amie tendre et solide, une société délicieuse ; mais, ce qui est encore plus digne de notre admiration que de nos regrets, c'est une femme forte. Elle a envisagé, dès les premiers jours de sa maladie, la mort avec une fermeté et une soumission étonnantes. »

Depuis que le monde existe et qu'il y a des belles-mères, combien d'entre elles ont été dignes d'être louées en des termes semblables ?

CHAPITRE III

EN VOYAGE

Aux yeux de ses contemporains, Madame de Sévigné dut passer pour une grande voyageuse.

Qu'elle aille en Bretagne, aux eaux, en Provence, il n'est guère d'années où elle ne soit sur les routes. La suivre dans tous ses déplacements serait s'exposer à des répétitions. Accompagnons-la seulement dans quelques-uns d'entre eux.

Au mois de septembre de l'année 1675, elle se rend aux Rochers. Les grandes chaleurs sont apaisées : « Ce sont de ces jours de cristal où l'on n'a ni chaud, ni froid. » Point d'aventures, au début. Rien à mander à Madame de Grignan, que « deux grands vilains, pendus à des arbres, sur le grand chemin, où ils faisoient une fort vilaine mine. »

On arrive à Orléans. Le carrosse continuera par la route. Pour Madame de Sévigné, elle décide de s'embarquer avec le « Bien Bon » et Marie, la chambrière à l'humeur facétieuse. La marquise descendra la Loire jusqu'à Nantes. C'est une folie! « Mais on se croit obligé de prendre des bateliers à Orléans ». Empressés, ils font valoir leur bateau, rappellent la qualité des personnes qu'ils ont menées précédemment. Le seul embarras est de choisir entre eux. Celui-ci est trop jeune, il manquera de prudence; celui-là est trop vieux, il manquera de force : « L'un avoit trop d'envie de nous avoir, cela nous paraissoit d'un gueux dont le bateau étoit pourri; l'autre étoit glorieux d'avoir mené M. de Chaulnes; enfin, la prédestination a paru visible sur un grand garçon fort bien fait dont la moustache et le procédé nous ont décidés ».

Pour se distraire, la voyageuse a emporté une lunette : « C'est un chef-d'œuvre! » Elle rapproche fort bien les objets de trois lieues. S'en servir procure un amusement continuel, car la vue est délicieuse. Et quel repos! Point de bruit, point de « poudre » comme sur les routes.

Bientôt, cependant, les aventures commencent. Les eaux sont basses. Cela arrive souvent à la « belle Loire ». Le bateau s'engrave. Il faut le désengraver. Quel travail et qui se complique de ce qu'il a lieu en pleine nuit ! A deux pas est une hôtellerie, on voit ses lumières et l'on ne peut y aborder.

Il est près de minuit quand les voyageurs mettent pied à terre. La fameuse hôtellerie se trouve être un *tugurio,* une cabane plus pauvre, plus misérable que tout ce qu'on peut se représenter :

« Il n'y avoit rien du tout que deux ou trois vieilles femmes qui filoient et de la paille fraîche. » On s'étend dessus tout habillé et Madame de Sévigné avoue qu'elle

aurait bien ri n'était le pauvre abbé qui n'est plus jeune
et qu'elle meurt de honte d'exposer à tant de fatigues!

A la pointe du jour, la petite troupe se rembarque.
On s'engrave à nouveau. C'est une fatalité! Il faut une
heure pour se dégager; ensuite, afin de regagner le
temps perdu, tout le monde se met aux rames. Madame
de Sévigné comme les autres. L'aimable femme!
Soyons sûrs qu'elle manœuvre sa rame gaillardement.

« Contre vent et marée », les voyageurs finissent
par arriver à Nantes. Il est neuf heures du soir. De
hautes murailles et des tours grises qui baignent dans
la rivière se devinent dans l'ombre. Une petite barque
se détache, vient vers le bateau. Une voix inconnue dit :

« Qui va là? »

Madame de Sévigné se nomme.

Aussitôt, dans le château, une poterne s'ouvre et
voyez le pittoresque du tableau : cinq ou six flambeaux
tenus au poing jettent leurs lueurs rouges et dansantes
qui se reflètent dans les eaux. Le lieutenant général,
M. de Lavardin [1], paraît, accompagné de plusieurs seigneurs. Belles révérences le buste incliné et le chapeau
bas ; baise-mains : « Du milieu de la rivière, cette scène
étoit admirable. Elle donna une grande idée de moi aux
bateliers... »

Une réception est préparée. Les voyageurs vont
pouvoir se restaurer. Ils en ont besoin. Mauvais gîtes,
depuis Orléans, pas de sommeil, point de repas chauds.
Bah! « Je me porte très bien », écrit Madame de Sé-

---

1. Fils d'une des meilleures amies de Madame de Sévigné.

vigné. Pendant les jours qui suivent, ce ne sont que divertissements organisés en son honneur ; elle y assiste, elle se laisse « régaler en reine ».

*
* *

En mai 1680, de nouveau Madame de Sévigné se rend en Bretagne avec le « Bien Bon ». Toutes ses amies, toutes celles de sa fille, les jeunes et les vieilles sont venues lui dire adieu.

Son fils l'accompagne jusqu'à Orléans. On y arrive « sans autre aventure considérable » que celle d'un essieu rompu. Par chance, l'accident se produit dans un « lieu merveilleux » et les voyageurs sont secourus par le véritable portrait de M. de Sottenville : « c'est un homme qui feroit les Géorgiques de Virgile si elles n'étoient déjà faites tant il sait profondément le ménage de la campagne... Il nous fit venir Madame sa femme qui est assurément de la maison de la Prudoterie où le ventre anoblit. Nous fûmes deux heures en cette compagnie sans nous ennuyer, par la nouveauté d'une conversation et d'une langue entièrement nouvelles pour nous ».

Il est tard quand on arrive à l'étape ; heureusement, en cette saison, les jours sont longs ; les voyageurs n'ont même pas besoin « de la plus belle lune du monde ».

Pour se rendre utile, Charles de Sévigné fait le marché du bateau qui doit descendre la Loire ; mais, avoue-t-il gaiement, « dès qu'il a été conclu, mon oncle,

d'une seule parole, l'a eu à une pistole meilleur marché
que moi. »

Dans la nuit même, Sévigné regagne Paris par la
diligence dont le service, nouvellement organisé, « fait un
peu de chagrin » à la poste, car elle est commode et on la
trouve rapide : « Elle part tous les jours à trois heures
du matin et arrive le soir, à Paris. »

Pour Madame de Sévigné, elle s'embarque à six
heures. Le temps est à souhait. Afin de ménager le
« Bien Bon », qui commence à sentir « la pesanteur et les
incommodités de la vieillesse[1] », on a supprimé les bran-
cards du carrosse, dont on a mis le corps sur le bateau
« d'une manière que le soleil n'a point entrée dedans.
Nous avons baissé les glaces ; l'ouverture du devant fait
un tableau merveilleux, celle des portières et des petits
côtés nous donne tous les points de vue qu'on peut imaginer. Nous ne sommes que l'abbé et moi, dans ce joli
cabinet, sur de bons coussins, bien à notre aise ; tout le
reste, comme des cochons, sur la paille. »

Le désagrément des voyages, surtout quand ils sont
longs, est de manger froid. Madame de Sévigné y a
remédié. Elle a emporté un petit fourneau : « Nous
mangeons du potage et du bouilli tout chaud » et des
terrines qui « ne cèdent point à celles de Madame de
Coulanges » lesquelles, apparemment, étaient fameuses.
Ces repas ne s'arrosent pas d'eau claire. Toujours pour
l'abbé, Madame de Sévigné a pris soin de faire porter
« une petite cave pleine du meilleur vin vieux de notre
Bourgogne ».

1. Il a 73 ans.

L'abbé prend « cette boisson avec beaucoup de patience »; il la prend pure. Le bon vivant qu'est Bussy-Rabutin lui a appris « qu'on n'y devoit point faire de mélange ».

Quand il a bu, il regarde sa nièce et tous deux s'exclament, en riant : « Le pauvre homme ! »

Dans ce « carrosse charmant », l'on n'a point lieu d'avoir peur. La Loire est aussi sage et majestueuse que la Durance, la terrible Durance est folle !

En dehors du dîner « dont l'instant est une chose considérable dans la journée », l'abbé prie Dieu et égrène son chapelet. Sa nièce lit ou admire « cette belle vue qui fait l'occupation des peintres ». On arrive à Blois de bonne heure, on s'y arrête : « chacun tourne, chacun se rase et moi j'écris, romanesquement, sur le bord de la rivière où est située notre hôtellerie... Mille rossignols chantent dans les arbres ».

D'étape en étape, de Blois à Tours, de Tours à Saumur, de Saumur à Ingrande, d'Ingrande[1] à Nantes, la navigation continue « avec la même prospérité ». La côte qu'on longe de près laisse voir « deux mille objets différents qui passent incessamment comme autant de paysages nouveaux. » Jamais, on n'a fait un voyage de cette manière. « Le carrosse est « si bien placé, si bien exposé qu'on y peut rester douze ou quatorze heures de suite sans se désespérer ». L'abbé se porte fort bien et « est charmé de la route. »

A Nantes, long arrêt d'une semaine; arrêt, mais

1. Ingrande est à sept lieues d'Angers, ce qui laisse supposer qu'on faisait sept lieues par jour.

non repos. Madame de Sévigné est descendue chez
M. d'Harrouys[1], trésorier des États, où elle est reçue
et servie « comme chez elle ». Ses amis s'empressent à la
venir voir et elle va visiter « ses chères filles » de Sainte-
Marie, aimables entre toutes : elles ont élevé Madame
de Grignan et se souviennent de leur pupille.

Mais il faut reprendre la route et gagner Rennes :
« Les chemins avoient été fort raccommodés par l'ordre
de M. de Chaulnes »; par malchance, « les pluies ont
fait comme si deux hivers étoient venus l'un sur l'autre.
Nous avons toujours été dans les bourbiers et dans les
abîmes d'eau ». Comble d'ironie, tout le monde avait
promis que les chemins étaient parfaits; ils sont « *comme
dans cette chambre* », car c'est toujours la comparaison
dont on use, dans le pays. Ils sont si bien « *comme
dans cette chambre* » qu'entre Vitré et les Rochers le
carrosse s'embourbe. La nuit tombe. Il faut envoyer
demander du secours à Pilois, « l'ami Pilois ». Il vient
avec une douzaine de gars : « Les uns nous tenoient; les
autres nous éclairoient avec plusieurs bouchons de
paille et tous parloient si extraordinairement breton
que nous pâmions de rire. Enfin, avec cette illumination,
nous arrivâmes ici, nos chevaux rebutés, nos gens tout
trempés, notre carrosse rompu et nous assez fatigués. »

1. D'Harrouys était veuf d'une fille de Philippe de Coulanges;
donc allié à Madame de Sévigné.

CHAPITRE IV

L'HIVER A LA CAMPAGNE

A plusieurs reprises, Madame de Sévigné dut séjourner en son château des Rochers, durant ce que nous sommes convenus d'appeler la « mauvaise saison. »

Ses amis de Paris l'estimaient malheureuse, car, volontiers, nous ne concevons d'autres plaisirs que les nôtres et plaignons ceux qui ne peuvent en avoir de semblables ; mais elle : « On croit que nous sommes au coin de notre feu à mourir d'ennui et à ne voir le jour ; mais je me promène, je m'amuse, ces bois n'ont rien d'affreux... L'hiver n'est point, en ce pays-ci, ce que l'on pense ; il ne fait nulle horreur ... »

Dans l'humide Bretagne, le ciel souvent s'enveloppe de brumes. Tant mieux ! « J'aime les temps bas, s'écrie la châtelaine des Rochers, » qui, toutefois, ajoute : « Mais quand ils sont si bas qu'ils tombent sur le nez et qu'il pleut et qu'on ne voit goutte, j'ai envie de pleurer ».

La seule ennemie, à la campagne, c'est la pluie : la « chienne de pluie ». Pour la supporter avec philosophie, il faut bien de la patience et Madame de Sévigné avoue n'en avoir jamais eu. La morale de Nicole, « qui est délicieuse », ne donne, hélas, aucune leçon contre le mauvais temps. Quand la pluie tombe, entre ses deux abbés, le Bien Bon et La Mousse, Madame de Sévigné le dit : l'on « rêve noir ».

La Mousse qui veut aller en paradis, quand ce ne serait que « par curiosité », réunit les enfants, leur enseigne le catéchisme, jours de fêtes et dimanches. De quoi il perd sa peine. Ces petits Bretons ont l'esprit borné. Ils confondent tout ensemble. La Mousse les questionne :

« Qui est la Vierge?

— C'est le créateur du ciel et de la terre. »

La Mousse répète sa question. Les petits redisent leur réponse. La Mousse n'en est point ébranlé, « mais voyant que des hommes et des femmes et même des vieillards disoient la même chose, il en fut persuadé et se rendit à l'opinion commune ». Sans Madame de Sévigné qui intervint, jamais La Mousse ne s'en fût tiré.

Inutile de chercher à quoi le Bien Bon s'occupe. Tout le jour, il est « comptant, calculant et supputant », ou écrivant des lettres d'affaires ; beaucoup de lettres. « Afin de ne se point tromper, de ne point prendre l'une pour l'autre, il écrit le dessus avant le dedans : cela fait rire »; mais, il faut l'avouer, à qui aime converser le Bien Bon n'est pas d'une grande ressource.

Sans la consolation de la lecture, on mourrait d'ennui. Heureusement, Madame de Sévigné a des livres. Elle a entrepris « de débrouiller, dans sa tête, toute

l'histoire de France depuis le Roi Jean... L'Histoire
de France intéresse au moins autant que l'Histoire
romaine, où l'on n'a ni parents, ni amis... » Tant qu'il
y aura des livres aux Rochers, sa propriétaire ne se
pendra pas.

D'ailleurs, même en Bretagne, la pluie ne saurait
durer constamment. L'été de la Saint Martin y est souvent « froid et gaillard ». Madame de Sévigné en profite. La voilà dehors. Nul besoin de s'habiller. On va
comme l'on est : « faite comme un loup-garou... ou
comme les quatre chats ». C'est autrement plaisant
que d'habiter une ville « où l'on ne peut sortir qu'avec
l'air d'une Madame ». Le gel n'a pas encore dépouillé
les bois. Les arbres conservent leur splendeur, leur
fraîcheur verdoyante. Magie et magnificence de ce qui
va finir. Moment suprême où tout s'exalte : « Ces
allées sont d'une beauté, d'une tranquillité, d'une paix,
d'un silence à quoi je ne puis m'accoutumer ». « Les
bois sont mêlés d'aurore et de feuilles mortes : cela fait
une étoffe admirable. » Toutes les heures sont enga-
geantes. Celles du jour et celles de la nuit. Les roman-
tiques n'ont rien découvert qui chantent la mélancolie
de la forêt brune

  « Qu'emplit la rêverie immense de la lune ».

On se promène « délicieusement » avec elle : « Hé
bien, je vous dirai que je fais honneur à la lune que
j'aime comme vous savez. Je demeure (dans ces bois),
avec Beaulieu et mes laquais, jusqu'à huit heures ». Le

bel amusement, dira-t-on, de se promener seule! Hé,
l'on peut avoir une compagnie. Laquelle? celle d'un
petit chien : « Cela est joli à voir briller et chasser
devant soi, dans une allée ».

Une occasion suffit pour s'en procurer un : « J'ap-
pelois, par contenance, une chienne courante d'une
Madame qui demeure au bout de ce parc. Madame de
Tarente me dit : Quoi! vous savez appeler un chien!
Je veux vous en envoyer un, le plus joli du monde. »

Je la remerciai et lui dis la résolution que j'avois
prise de ne plus avoir de semblables attachements. Cela
se passe, on n'y pense plus. Deux jours après, je vois
entrer un valet de chambre avec une petite maison de
chien, toute pleine de rubans, et sortir de cette jolie
maison un petit chien tout parfumé, d'une beauté
extraordinaire : des oreilles, des soies, une haleine!
petit comme Sylphide[1], blondin comme un blondin :
jamais je ne fus plus étonnée, ni plus embarrassée; je
voulus le renvoyer, on ne voulut jamais le reporter... »

Sentimentale, avec un cœur « comme de cire » et
s'en vantant, et disant « qu'elle est obligeante comme
elle est veuve », ce qui fait rire et prête à bien des propos, Madame de Tarente, la « bonne Tarente » est
l'amie de toujours. Elle habite dans un faubourg de
Vitré, un vieux château, dit « Château Madame »,
qu'entoure un parc planté de hêtres glorieux, « assurément les plus beaux qui se puissent voir ». Maîtresse
de maison accomplie, elle sait « offrir un petit dîner aussi

---

1. Surnom donné à Madame de Coulanges.

bon, aussi délicat, aussi propre qu'il est possible ».
Volontiers, elle convie sa voisine des Rochers. Se
« faire brave » pour répondre à l'invitation, endosser
son grand habit de taffetas brun piqué avec des passe-
menteries d'or où pendent des sortes de petites cloches
faites de soie et de fil d'argent, des « campanes »,
serait superflu et proprement ridicule. Bien plutôt
l'on va en négligé, avec « une bonne robe de chambre
bien chaude » et certaine jupe violette or et argent.
Sur les cheveux, une coiffure, une cornette simplement,
comme dans sa chambre. La Princesse est de même et
les deux amies, devant que de se mettre à table, ayant
mutuellement regardé leur ajustement, se trouvent,
« en vérité, fort bien ». Entre elles, la conversation ne
tarit pas, Un même sujet leur fait de grandes cause-
ries : leurs filles, toutes deux au loin. Celle de Madame
de Sévigné est en Provence; celle de Madame de
Tarente est en Danemark, mariée au roi du pays. La
séparation pèse au cœur de ces mères. Elles échangent
aussi des recettes, se recommandent des médicaments.
Toujours, les femmes ont eu plus de confiance en ceux
de leurs amies qu'en ceux de leur médecin. La Tarente
en a de miraculeux : c'est une essence qui l'a guérie des
plus horribles vapeurs. Deux gouttes dans le premier
breuvage que l'on boit à table, quinze jours durant :
cela suffit. Que nous aimerions à connaître le nom de
cette panacée! Madame de Sévigné, malheureusement,
ne le donne pas.

Mais il faut retourner à la solitude des Rochers.
« solitude faite exprès pour y bien rêver », pour y

suivre les préceptes donnés par Bussy qui se pique,
maintenant, d'être un philosophe désabusé, un maître
dans l'art de vivre longtemps. Ces préceptes sont
sévères ; ils font une vie dure à l'image de ce pays
breton : sept heures au lit, pas plus, « comme une carmélite » ; marcher beaucoup ; manger peu ; le vendredi,
moins encore.

« Je demandai, jeudi soir, à ma mère, dit Charles
de Sévigné :

Madame, comment faites-vous, les vendredis?

— Mon fils, je prends une beurrée et je chante. »

Façon de parler ; plaisanterie? Du tout : « cela est
au pied de la lettre ». A ce régime, on n'engraisse
point ; on conserve sa taille et, parce que l'air est
humide, ce teint merveilleux, « ce teint qu'il y a si longtemps que l'on loue n'en est point changé. » Pourquoi
Madame de Sévigné ne peut-elle, aussi aisément, arracher de son cœur « le poison de tristesse » quand elle
songe à sa fille? Que ne peut-elle ne point s'épouvanter
de l'idée de la mort, car, lorsqu'on est souvent seule, on
pense gravement. Là-dessus, Bussy-Rabutin donne
encore sa règle de conduite : « C'est en se familiarisant
avec cette pensée qu'on en diminue l'appréhension ».

Mais sa cousine proteste : « En moi, elle fait toute
autre chose : elle me fait suivre le précepte de Salo-
mon : *bien vivre et se réjouir* et d'autant plus que cela
fait vivre plus longtemps ». N'ayons crainte. Madame
de Sévigné est trop amie des Jansénistes, elle a l'âme
trop forte pour verser dans l'épicurisme. Chaque jour,
elle travaille à perfectionner son esprit, son âme, son

cœur, ses sentiments. Elle ne peut souffrir les gens qui
disent : « Je suis trop vieux pour me corriger ». « Je
pardonnerois plutôt à une jeune personne de tenir ce
discours. La jeunesse est si aimable qu'il faudroit l'adorer ; mais quand on n'est plus jeune, c'est alors qu'il
faut se perfectionner et tâcher de regagner du côté des
bonnes qualités, ce qu'on perd du côté des agréables. »

*
* *

Le soleil brille-t-il ? les journées sont trop courtes
pour tout ce qu'on y veut faire entrer. Aux Rochers,
Madame de Sévigné entreprend de grands travaux :
« ce sont des allées de retour, tout autour du parc ».
Ces allées sont belles : « Si mon fils aime les bois et les
promenades, il bénira bien ma mémoire » ; mais il faut
être matineuse, ne point craindre de se mouiller : « je me
suis mise dans la rosée jusqu'à mi-jambes pour prendre
des alignements ».

Avant que viennent les gelées, il faut songer aux
plantations. Vêtue de sa casaque, la marquise aide
aux planteurs et tient elle-même les arbres ; elle fait
planter la plus belle place du monde, et se plante elle-
même au milieu de la place où personne ne lui tient
compagnie « parce qu'on meurt de froid ».

En 1671, quand elle fait construire la chapelle, elle
va voir les charpentiers qui élèvent la charpente. Il y
en a dix ou douze, « toujours en l'air, qui courent sur les
solives, qui ne tiennent à rien, qui sont à tout moment

sur le point de se rompre le cou, qui me font mal au dos
à force de les aider d'en bas... Et l'on remercie Dieu
qu'il y ait des hommes qui, pour douze sous, veuillent
bien faire ce que d'autres ne feroient pas pour cent
mille écus... »

La saison s'avançant, elle procède à des coupes :
« Je m'amuse à faire abattre de grands arbres : le tracas que cela fait représente, au naturel, ces tapisseries où l'on peint les ouvrages de l'hiver : des arbres
qu'on abat, des gens qui scient, d'autres qui font des
bûches, d'autres qui chargent une charrette... Et moi,
au milieu : voilà le tableau ».

Tout le jour, enfin, elle est à trotter, à courir et,
quoiqu'il y ait quelque chose de fou à chanter toute
seule, si l'envie lui en vient, elle chante. Quoi? ce qui
lui passe par la tête, une parodie très plaisante envoyée
par son gendre ou :

« Pour qui, cruel hiver, gardes-tu tes rigueurs? »

Elle chante à pleine voix, la lumière s'éteint; le loin-
tain devient violet; derrière elle, marchent deux
laquais.

*
* *

Loin de la ville, les soirées sont longues et les
longues soirées sont comparables aux longues marches
pour être fastidieuses. Le Bien Bon, qui est couche-tôt,
se retire dès dix heures : insensiblement, sa nièce gagne

minuit : elle a quasi toujours à écrire ; malgré la distance, on peut avoir, aux Rochers, une lettre de Paris
en quarante-huit heures. « Cela est d'une diligence qui
fait une consolation à l'absence. » Quand elle a fini de
s'entretenir avec sa fille, avec ses amis, la marquise lit,
car elle est éveillée « comme une potée de souris ». Que
lit-elle ? Ah ! pour le soir, « des livres dont les carac-
tères soient de la plus grosse impression ». Voilà ce
qui importe, voilà même la seule chose à consulter
avant la bonté du style, car la charmante femme vieillit ;
ses yeux se fatiguent.

A la fin de l'année 1675, arrive Charles de Sévigné.
Ce gai compère ne fait rien comme un autre. Dans son
esprit, tout se tourne en scènes plaisantes. Du plus
loin qu'il aperçoit sa mère, au bout de l'allée du Mail,
il se jette à deux genoux et, feignant de se sentir très
coupable pour s'être fait longtemps désirer, il implore
son pardon, donne des raisons, les plus méchantes du
monde, mais qu'on ne demande qu'à prendre pour
bonnes, qu'on accepte en le relevant, en l'embrassant
mille fois.

Sévigné, aux Rochers, c'est la joie qui entre. On
fait les mêmes choses et il semble que ce ne soit plus
tout à fait les mêmes ; on lit, mais c'est lui qui tient le
livre, et, à haute voix, est le lecteur. Tout s'anime, au
vent de son entrain. Les papillons noirs qui voltigeaient
dans les bois sont chassés. De tous les compagnons, il
est le plus aimable. Sa conversation amuse ; « il prend
l'esprit des lieux où il est » et sait que raconter des
histoires de la guerre qu'il vient de faire ou de la Cour

d'où il arrive, n'offriraient que peu d'intérêt dans la solitude des Rochers ; il n'en dit que juste ce qu'il faut. Si Madame de Grignan n'était pas si loin, il n'y aurait aucune raison de vouloir quitter « cet aimable désert ».

.·.

Évidemment, pour jouir d'une telle vie, on doit, première condition, se faire une âme gaillarde, « se moquer du froid, de la neige, de la gelée et de ses autres désagréments ».

Il y a des jours de tempête où le vent bûcheronne rudement. « Les arbres pleuvent alors dans le parc et les ardoises dans le jardin. » Mais ce temps enragé est exceptionnel. Un citadin seul s'imagine les journées d'hiver toutes semblablement grises et brumeuses : on ne voit pas toujours le soleil c'est vrai ; mais, philosophons un peu, par sa rareté, « il nous fait, quand il paraît, une joie particulière ». Égarés au milieu de l'hiver, certains jours sont doux, tièdes, lumineux comme ceux du printemps : « Nous avons ici un temps admirable » (11 décembre 1675). « C'est un si beau temps encore que j'y passe (dans les bois), tous les jours jusqu'à la nuit » (22 décembre 1675). « Vous croyez que nous avons ici un mauvais temps, nous avons le temps de Provence » (22 mars 1676).

Il est déraisonnable, d'ailleurs, de toujours se promener. Il faut bien un peu s'occuper : lire, ouvrir son écritoire, faire des comptes avec le Bien Bon. Quoi encore? Tirer l'aiguille? Assurément. Les travaux de tapisserie occupent alors les doigts de toutes les dames. C'est la mode. Quand elles ont fini le soubassement qu'on met au bas du lit, et les bandes qui en garnissent le haut ou pendent du ciel sur les rideaux, elles entreprennent de recouvrir les chaises de leur chambre, la pièce où l'on reçoit. « Sans se lancer dans de grandes traînées de tapisserie » dont on risque de ne jamais voir la fin, Madame de Sévigné a mis en route un ouvrage aux dimensions moins ambitieuses : « Il me semble que je n'ai que dix ans et qu'on me donne un petit bout de canevas pour me jouer ».

Est-on las de travailler, on dépouille son courrier ; « il y en a tout un fagot ». On joue aux cartes : au reversis, à l'hombre, on prend un tric-trac. De loin, Madame de Sévigné regarde les joueurs d'échecs : « Je ne trouve rien qui rabaisse tant l'orgueil : ce jeu fait sentir la misère et les bornes de l'esprit ; je crois qu'il serait fort utile à quelqu'un qui aimeroit ces réflexions. Mais aussi, cette prévoyance, cette pénétration, cette prudence, cette justesse à se défendre, cette habileté pour attaquer, le bon succès et la bonne conduite, tout cela charme et donne une satisfaction intérieure qui pourroit bien nourrir l'orgueil. A le regarder de ce côté-là, je n'en suis pas encore bien guérie et je veux être encore un peu plus persuadée de mon imbécillité. »

On se repose aussi, en laissant ses pensées errer doucement : « La bella cosa, far niente ». « Le feu et les flambeaux rendent la chambre d'un bon air. » On est bien « acoquinée » dans un grand fauteuil. La petite alcôve est proche où l'on sera très chaudement. Vers minuit, on gagne son lit de satin jaune brodé aux Indes, en soie de couleur or et argent, et l'on y dort, ma foi, « comme la reine ».

Une telle existence maintient en forme, conserve la jeunesse ou en donne un regain : « Ma santé est comme il y a six ans ; je ne sais d'où me vient cette fontaine de Jouvence... Rien n'est meilleur pour la beauté que l'air des bois... Il nourrit le teint. »

Quand on trouve du plaisir à rester chez soi, on a moins besoin de distractions au dehors ; cependant, rien n'est plus contraire à l'être humain, et spécialement à la femme, que la solitude ; mais la campagne n'implique pas, forcément, l'isolement. Des amis vous viennent voir. L'intimité de ces visites ajoute à leur agrément. Point « de révérences, de discours » ; on arrive quand on veut, sans se faire annoncer ; « on entre par la barrière et s'en retourne de même ». La devise de la châtelaine n'est-elle pas : « Sainte Liberté ! » Si le repas est insuffisant, on ajoute une omelette au lard ou une poularde et tout est dit.

Qu'une méchante compagnie se présente, rien n'est plus aisé que de ne pas la recevoir : « Je les sens venir par un côté et je m'égare par l'autre et puis je gronde qu'on ne m'ait pas prévenue : ce sont des friponneries qu'on est tenté de faire dans ce parc ». Si le tour ne réussit pas, on se console : « il n'est rien de si bon qu'une méchante compagnie par la joie du départ ».

Voilà-t-il pas de judicieuses réflexions et qu'on a souvent occasion de faire, dans cette lointaine province, où les habitants sont « six mois à raisonner, sans ennui, sur une nouvelle de la cour et à la regarder de tous les côtés ».

Quand il vous reste encore un « petit air du monde » on a envie de bâiller de tous ces « dits et redits » ; mais les gens ennuyeux ne le sont pas constamment. Une Madame de Quintin qui a été fort jolie, et qui est riche, veuve, sans enfants, et vit entourée de soupirants, peut divertir : « Son style est enflé comme sa personne ; ceux qui sont destinés à faire des harangues puisent là toutes leurs grandes périodes ».

Un « joli petit bouchon » comme Mademoiselle de Murinais délasse par ses naïvetés. Elle en a d'impayables : « Elle nous vient assurer que le lendemain de la veille de Pâques étoit un mardi ; et puis elle s'est reprise et a dit : « C'est un lundi » ; mais comme elle a vu que cela ne réussissait pas, elle s'est écriée :

« Ah ! mon Dieu, que je suis sotte ! C'est un vendredi... » Si vous aviez la bonté de nous mander quel jour vous croyez que c'est, vous nous tireriez d'une grande peine. »

Une sempiternelle Mademoiselle du Plessis « saluant avec sa roupie ordinaire », prête à rire par l'exagération de ses ridicules. La pauvre fille peut aller de pair avec l'aimable Tisiphone, affirme Charles de Sévigné : « Une lèpre lui couvre la bouche, ses yeux pleurent et font souhaiter un parasol au milieu des brouillards ». Par surcroît elle a une manière de peste sous le bras. Elle louche, estropie les mots, « parle breton ». Cette *divine* habite en son château du Plessis d'Argentré, à une petite distance des Rochers. Les deux parcs se touchent. Elle en profite, en abuse. Elle s'est prise d'une passion pour Madame de Sévigné, vient la voir tous les jours, voudrait l'embrasser tous les quarts d'heure et cesse d'aller chez ses anciennes amies parce que « Madame de Sévigné en serait jalouse ». Elle parle sans répit, toujours d'elle, de sa santé dont elle ne laisse ignorer aucun détail jusqu'à dire « qu'elle a été obligée de prendre un lavement à cause d'une *brûlaison* insupportable qu'elle avoit à l'endroit par où étoit sorti un flux de ventre qui la tourmentoit ».

Avec cela, la plus obligeante fille du monde, le moins « fichu » caractère. Y a-t-il un service à rendre, des serviettes à couper? Elle s'empresse. On se moque d'elle à son nez, on s'amuse à ses dépens : « L'un dit que je l'aime autant que vous (Madame de Grignan), l'autre que je la fais coucher avec moi, ce qui seroit assurément la plus grande marque de ma tendresse; l'autre que je la mène à Paris, que je la baise, que j'en suis folle, que mon oncle l'abbé lui donne dix mille livres, que si elle avoit seulement vingt mille écus, je la ferois épouser à mon fils ».

La sotte se rengorge avec des « petites manières, des afféteries, des façons de précieuse, de femme à vapeurs pour se donner l'apparence d'être du bel air ». Parce qu'on la tolère, elle va publiant partout qu'aux

Rochers elle est indispensable. En vérité, de ce qu'elle fait et dit, « on feroit une assez méchante farce de campagne ».

* *
*

Ainsi les jours et les mois s'enchaînent. Parfois, l'on a bien des pensées gris-brun qui, avec le crépuscule, tournent au noir. Comme il est dans la condition humaine de ne voir que les inconvénients de ce qu'on possède, Madame de Sévigné pense à la ville, à ses distractions, aux amis qui y sont restés. Elle est venue aux Rochers pour payer ses dettes et le « bon abbé » se consume à calculer du matin au soir sans rien amasser. La province a été « dégraissée » par les troupes[1].

L'argent ne rentre pas; il est rare. Où ne l'est-il pas, en cette année 1675?«A moins de faire de la fausse monnoie », on ne peut s'en procurer. Il faut en revenir au troc. Madame de Sévigné paye les ouvriers qui travaillent à ses allées avec du blé. Bussy, qui va marier sa fille, raconte qu'il cherche partout à échanger du blé et du vin dont il a, contre du brocard et du velours nécessaires aux habits de noces de la future épousée.

« Le temps n'est plus comme il y a six ans, remarque Madame de Sévigné, que je donnois vingt-cinq mille écus à M. de Louvois, un mois plus tôt que je ne lui avois promis. On ne pourroit pas, présentement, trouver dix mille francs dans cette province. »

1. Celles qu'on avait envoyées pour châtier les Bretons de leur révolte contre leur gouverneur, M. de Chaulnes.

Que sert de se plaindre? C'est sottement agir.
« Dans ce monde, où on fait, je ne dis pas la moitié,
Dieu m'en garde, de ce qu'on peut », on doit s'estimer
heureux de « faire seulement le quart de ce qu'on
veut ».

CHAPITRE V

« LES DEUX BRAS EMPAQUETÉS
DANS VINGT SERVIETTES... »

Si la santé est une vertu, il faut reconnaître que Madame de Sévigné l'a pratiquée excellemment. Hormis la petite vérole dont elle mourut, à l'âge de soixante-dix ans, on ne la voit être malade, pour la première fois de sa vie, qu'à l'âge de cinquante ans.

Juste au moment où elle projetait de quitter les Rochers pour rentrer à Paris, sa « belle et triomphante santé » est attaquée d'une crise de rhumatismes. Le serein des bois en est cause, prétend Madame de Grignan. Bien plutôt, Madame de Sévigné a dû abuser de la tête de veau, de la fraise et des pieds qui, fortement épicés, sont les mets qu'elle préfère.

D'abord, la marquise plaisante de ses souffrances. Son mal, elle l'appelle un torticolis. Douloureux ? Certes. « On ne fait que criailler ». Plus de sommeil. Mais ce mal semble sans conséquences graves. Nul ne vous plaint. Bien plus : « Mon fils s'en pâme de rire ».

De quoi le « petit compère » se défend avec vivacité :

« Je ne ris point » et il explique que sa gaieté n'est que pour amuser la malade dans son lit.

Après le cou, les pieds, les jarrets, les mains se prennent. C'est une crise aiguë. La fièvre monte; les douleurs sont si cruelles « que l'état où nous la (Madame de Sévigné) voyons, écrit Charles de Sévigné à Madame de Grignan, fend le cœur de tous ceux qui l'aiment ».

L'enflure des mains est grande. La malade « a les deux bras empaquetés dans vingt serviettes ». Impossible d'écrire, ne serait-ce que quelques lignes pour rassurer la fille bien-aimée. Pauvre « maman mignonne »! Elle est pleine de courage et conserve sa sérénité : « Il vaut mieux un rhumatisme qu'un de ces rhumes sur la poitrine comme il en court par le pays... ». « Si l'on pouvoit trouver l'invention de la faire demeurer dans son lit sur les fesses d'un autre, elle ne se plaindroit pas, mais, comme, par malheur, c'est toujours sur les siennes, elle en souffre ses plus grandes incommodités. »

Perdue au fond de la province, elle n'en est pas moins bien soignée. Aussi bien qu'à Paris. Quatre bouillons seulement par jour, sueurs abondantes, purgations avec la poudre de M. de Lorme[1] « qui fait des merveilles » et qu'on a raison de nommer le *bon pain*, car elle produit « précisément ce que l'on peut souhaiter et n'échauffe pas du tout » enfin, saignées au pied. C'est une opération difficile! La Providence a caché les veines de la patiente aux yeux des plus habiles chirur-

---

1. Célèbre médecin de l'époque.

giens, mais il y a, à Vitré, un très bon médecin ; il connaît son métier et tire le sang en perfection.

Retirée dans sa chambre, la marquise est très chaudement et commodément dans sa *petite alcôve,* de chaque côté de laquelle des cabinets servent de penderie et de débarras. Les murs de la pièce sont couverts de boiseries et de tapisseries ; au-dessus de la cheminée, une glace en deux morceaux. La disposition des chambres, leur décoration à l'époque est partout semblable.

Le « petit compère » se révèle un garde malade accompli : attentif, patient, plein de belle humeur ; il « se connoit assez joliment en fièvre et santé » ; Larmechin, son valet de chambre, le seconde. C'est lui qui veille la malade : « Je ne comprends point du tout ce que j'eusse fait sans ces deux personnes », dira Madame de Sévigné quand elle sera rétablie. Au reste, c'est à qui s'empressera auprès d'elle : on la sert, on la traite « comme la reine ».

Il y a cet hiver-là, aux Rochers, une fillette, le « petit bouchon » dont la mère est retenue à Rennes. On l'appelle Jeannette.

Jeannette a quatorze ans. Elle est toute naïve : « Je voudrois que vous l'eussiez vue, les matins, manger une beurrée longue comme d'ici à Pâques et l'après-dînée croquer deux pommes vertes avec du pain bis ». Le cerveau de l'enfant est « tout battant neuf ». Elle ne sait rien. « Elle n'a jamais vu ni ville, ni rivière, ni village. Elle croit que la terre ne va pas plus loin... » Auprès de la malade, Jeannette fait de son mieux. Ce mieux consiste à pleurer abondamment quand elle voit les souffrances de la marquise augmenter vers le soir : Jeannette a du cœur !

La « bonne Tarente » vient de Vitré prendre des nouvelles et visiter son amie. Grand honneur de la recevoir. La Princesse est la propre tante de Madame la duchesse d'Orléans. A la malade elle parle d'une machine parfaite à faire suer : « Ce sont des châssis courbés en arc et couverts d'étoffe... Là-dessous, on étouffe très bien ! »

Quant à la « divine Plessis », elle est sotte et importune, selon son habitude :

« Voici ce qui s'est passé, aujourd'hui, écrit Sévigné à sa sœur : ma mère s'assoupissoit doucement dans son lit et la petite fille, le bon abbé et moi, nous étions auprès du feu ; la Plessis est entrée. On lui fait signe d'aller doucement et elle a obéi ponctuellement. Comme elle étoit au milieu de la chambre, ma mère a toussé et a demandé vite son mouchoir pour cracher. La petite fille et moi nous nous sommes levés pour y aller ; mais la Plessis nous a prévenus ; elle a couru au lit et, au lieu de porter le mouchoir à la bouche de ma mère, elle lui a pincé le nez d'une force qui a fait crier les hauts cris à la pauvre malade : elle n'a pu s'empêcher de renasquer un peu contre le zèle indiscret qui avoit causé ce transport et puis on s'est mis à rire. »

Vingt-deux jours durant, la malade a la fièvre avec de « grandes rêveries qui lui font confondre les vérités » et trouver et affirmer qu'elle a une cuisse bleue : celle qui lui fait le plus de mal ; puis l'acuité de la crise diminue et Madame de Sévigné qui est profondément chrétienne dit : « Si j'avois fait un bon usage de tout ce que j'ai souffert, je n'aurois pas tout perdu; il faudroit peut-être m'envier ».

Comme elle va mieux, on commence à la lever. Elle a maigri. Ce n'est pas un mal : elle a « la taille bien mieux faite »; mais qu'est devenu le temps où, gaillarde, elle mettait son busc entre sa chair et sa chemise, se coiffait en toupet et ne s'asseyait que sur la pointe des sièges pliants ! La voici acoquinée au coin du feu; elle a sa robe de chambre, ses pantoufles; elle est dans sa grande chaise avec des oreillers et coiffée d'une cornette de nuit. Bah ! son humeur et son esprit, eux, n'ont pas changé.

La convalescence est longue : « Mes pieds sont si gros, si lourds qu'ils ne me peuvent porter ». Quelle déception ! Comme tous ceux qui n'ont jamais été malades, Madame de Sévigné s'était forgé « la chimère » d'un prompt rétablissement et retour à sa vie habituelle : « Elle croyoit que du moment qu'elle n'auroit plus de douleurs, elle pourroit aller à cloche-pied ». Elle est un peu attrapée de s'en voir si éloignée.

L'enflure persiste et de tous côtés : les pieds, les jambes, les mains, les bras. L'on peut le dire, un rhumatisme « est une des belles pièces qu'on puisse avoir. J'ai un grand respect pour lui; il a son commencement, son augmentation, son période et sa fin. » L'aimable femme ! Malade et souffrant, elle plaisante sur ce qui devrait la faire gémir. La « fin infinie d'un rhumatisme est une chose incroyable... C'est une chose sur quoi on pourroit faire un livre... »

Durant plusieurs semaines, elle doit garder encore la chambre, se couvrir de cataplasmes, se purger avec la poudre de M. de Lorme. Tenir une cuillère lui paraît « la machine du monde ». Ses serviteurs lui mettent les morceaux dans la bouche comme à un enfant : « C'est une chose plaisante à voir, mais qui est bien ridicule ! »

Quelle misère d'être assujettie à toutes les dépendances « les plus fâcheuses et les plus humiliantes ! » Pire que tout : ne pouvoir écrire soi-même à sa fille. Heureusement, Sévigné tient la plume, à moins que ce ne soit la « petite personne », Jeannette, « petit secrétaire aimable et joli ».

A la fin de février, Madame de Sévigné est assez bien pour faire quelques promenades en chaise, dans son parc « où il fait divinement beau ». L'air la fortifie. Progrès appréciable, elle marche ; d'abord « en clopinant », finalement « sur les pieds de derrière », comme une autre. Elle mange avec appétit, quoique, pour hâter sa guérison, elle trouve bon d'épouser la sobriété et de retrancher le souper : « C'est la queue d'un rhumatisme et l'on perdroit fort bien patience, si l'on ne sortoit d'un état qui fait trouver celui-là fort heureux ».

CHAPITRE VI

L'ÉTÉ AUX EAUX

I. — VICHY (1676).

Les suites de son rhumatisme s'éternisant, Madame
de Sévigné résolut d'aller aux eaux. De Lorme voudrait
l'envoyer à Bourbon mais le vieil original a ses raisons.
On prétend qu'il tire de Bourbon des bénéfices inso-
lents. Madame de Sévigné ne se laisse pas circonvenir.
Après quelques hésitations, elle se décide pour Vichy.
On l'a dégoûtée de Bourbon à cause de l'air. Autres
raisons : Vichy est un pays délicieux. Meilleures que
celles de Bourbon, ses eaux guérissent toutes les
maladies et spécialement celles qui siègent dans le
ventre, le foie, le rein et la vessie. Elles déchargent « le
sang mélancolique de la rate, délivrent des palpitations
et dissipent la paralysie ». Enfin, en allant à Vichy,
Madame de Sévigné se rapproche de Grignan. Peut-
être la *Provençale* la viendra-t-elle voir.

Le printemps est déclaré dans les bois; l'été
approche; tout le monde quitte Paris mais de Lorme

ne veut pas que sa malade s'en aille avant la fin de mai : « Le mois de juin est meilleur que celui de mai pour boire les eaux ».

D'ailleurs, il convient de se préparer au traitement : saignée et purgation. Laquelle prendre? On a le choix : séné, rhubarbe, sirop de roses pâles, ou de chicorée, ou encore de pomme. Il faut aussi laisser au logis soucis et tracas. Bons psychologues sur ce point et sachant l'influence du moral sur le physique, les médecins déclarent : « Pour bien prendre les eaux, il faut être *spensierata*... Il est difficile que je sois dans cet état bienheureux... D'avoir une âme, cela importune pendant nos remèdes... Gardons-nous bien d'en avoir une : nous la retrouverons à Paris. »

Le onzième de mai (1676), à la pointe du jour, la voyageuse monte dans son grand carrosse. La veille au soir, quelques intimes, les Coulanges, Madame de La Troche, M. de La Trousse, Mademoiselle de Mongeron, Corbinelli, sont venus partager son souper et lui dire adieu en mangeant d'une tourte de pigeons.

Jusqu'à Vichy le voyage est long : sept jours. Madame de Sévigné est avec une amie, Madame d'Escars; la voiture est vaste, elles ne « sont nullement pressées ».

On couche à Courance (canton de Milly). Les ombrages du parc sont beaux. Quels délices ce serait d'aller s'y promener! Mais, depuis son rhumatisme, la marquise redoute le serein. Poule mouillée, si l'on veut, « sotte poule mouillée », elle se couvre de peaux de lièvre; « il vaut mieux avoir trop chaud dix heures

durant que d'avoir froid une demi-heure ». Effective-
ment, elle a chaud, elle a trop chaud et comme elle est
« fort sujette à suer », c'est au pied de la lettre qu'elle
est « poule mouillée ». « Je sue tout le jour », écrit-elle à
sa fille à qui elle demande :

« Que dites-vous de ces agréables restes de rhumatismes? »

Le temps est admirable. C'est une chance. Pour se
distraire, on jase ou on lit; Madame de Sévigné a
emporté des livres : « Il y a une petite histoire des
vizirs et des intrigues des sultanes et du sérail qui se
laisse lire assez agréablement ».

A Nevers, on attrape la rivière de Loire « quasi
aussi belle qu'à Orléans »; on jouit de « belles vues dont
on est surpris à tout moment ». Les gîtes, dans les
auberges, il est vrai, sont souvent décevants : on y
trouve des puces en si grande quantité « qu'on ne sait
où se mettre ». Heureusement, il y a les couchées chez
les amis dont on rencontre le château sur la route. Les
chemins, eux aussi, réservent des surprises. Ils se
suivent et ne se ressemblent pas. Certains sont « des-
mails et des promenades » où on n'arrête pas un seul
moment; mais d'autres sont « endiablés »; et il faut
être toujours à pied, de peur de verser dans des
ornières effroyables.

Le sixième jour, les voyageuses arrivent à Moulins
où Madame de Sévigné va voir Madame Fouquet, la
femme du surintendant des finances, qui ne peut se consoler de l'emprisonnement de son mari. Au couvent de
la Visitation, on donne à la marquise la chambre où sa

grand'mère est morte trente-cinq ans auparavant. Elle
y couche et y dort le mieux du monde. Le lendemain, la
voici à Vichy. On l'attendait. Les amis qu'elle y a
viennent au-devant d'elle, en carrosse ou à cheval. Cela
fait toute une troupe très gaie : Madame de Brissac,
Madame de Longueval, Madame de Saint-Hérem,
M. de La Fayette; d'autres encore. On suit un moment
la jolie rivière d'Allier : « Je crois que si on y regardoit
bien, on y trouveroit encore des bergers de l'*Astrée* ».

Souper chez Madame de Brissac, repos de vingt-
quatre heures; la vie des eaux commence.

Quoique Madame de Sévigné déclare que cette vie
est une « billebaude », c'est-à-dire une confusion qui
n'est point agréable, elle semble, au contraire, stricte-
ment réglée. « On va à six heures à la fontaine; tout le
monde s'y trouve ». Et dans quel appareil ! « Tout est
en l'air : coiffure *hurlupée*, poudrée, frisée, *bonnet à la
bascule;* rouge, mouches, petite coiffe qui pend, éventail,
corps de jupe long et serré : c'est à pâmer de rire ! »

Oui; mais il faut boire et l'on fait « une fort vilaine
mine, car imaginez-vous qu'elles (les eaux) sont bouil-
lantes et d'un goût de salpêtre fort désagréable. » « Pourtant, elles ne sont pas noires : c'est leur faire tort de
les croire ainsi ». En tout cas, elles sont, certainement,
« miraculeuses ». Au lieu de rendre la peau rude, elles
la rendent douce et unie. « Si on y met une herbe ou une
fleur, elle en sort aussi fraîche que lorsqu'on la cueille. »

Vous ne le croyez pas? « Je mis hier, moi-même, une
rose dans la fontaine bouillante. Elle y fut longtemps
saucée et resaucée; je l'en tiroi comme de dessus la tige.

J'en mis une autre dans une poêlonnée d'eau chaude ; elle y fut en bouillie en un moment. »

Les eaux prises, on tourne, on va, on vient, on se promène, on entend la messe, on rend les eaux, on parle *confidemment* de la manière qu'on les rend : « La qualité, la quantité ; tout va-t-il bien ? »

Il n'est question que de cela jusqu'à midi où l'on dîne. Comme on ne mange que des viandes fort simples, « on ne fait nulle façon de donner à manger ». Vichy est un pays de Cocagne. « La vie n'y coûte rien du tout. Pour trois sous[1] on a un poulet et tout à proportion. »

En outre, la mode du pays veut qu'on se fasse de continuels présents en légumes, fruits, œufs et volailles. Ces dernières sont fort utiles car, tous les jours, on prend de l'eau de poulet. « Il n'y a rien de plus simple ni de plus rafraîchissant. »

Après dîner, « on va chez quelqu'un ». L'on joue aux cartes ; on joue l'hombre ; on lit, on se promène. « La beauté des promenades est au-dessus de ce que l'on pourroit dire. » Le pays est charmant : la rivière d'Allier, mille petits bois, des ruisseaux, des prairies « et, dans ces prairies, des moutons, des chèvres, des paysannes... »

Avant le serein, on rentre chez soi ; on écrit des lettres. A sept heures, l'on soupe légèrement et l'on se couche à dix.

Parfois, se présente une distraction imprévue. Il vient des Bohémiennes : « Elles font des *dégognades* où

1. Trois sous, en 1676, équivalaient à douze sous de notre monnaie, avant 1914.

les curés trouvent un peu à redire. » Ils n'ont pas tort.
La *goignade*, sur le fond de la gaieté de la bourrée,
ajoute une broderie d'impudence et l'on peut dire que
c'est la danse du monde la plus dissolue, écrivait Flé-
chier qui ajoute : « Je ne doute point que ce ne soit une
imitation des Bacchantes dont parlent les livres des
Anciens. M. l'Evêque d'Aleth excommunie, dans son
diocèse, ceux qui dansent de cette façon... »

Mais, le plus souvent, ce que l'on voit, c'est la
bourrée : « Des demoiselles du pays viennent avec une
flûte... Elles sont fort jolies... Si on avoit, à Versailles,
de ces sortes de danses en mascarades, on en seroit
ravi par la nouveauté. Il y avoit un grand garçon
déguisé en femme qui me divertit fort car sa jupe étoit
toujours en l'air et l'on voyoit dessous de fort belles
jambes... »

Cette bourrée « dansée, sautée, coulée naturellement et dans une justesse surprenante », on peut se
l'offrir à peu de frais ; « un violon avec un tambour de
basque ne coûtent que quatre sous » et si l'on est sensible « à une parfaite grâce, c'est une joie, dans ces prés
et ces jolis bocages, de voir danser les restes des bergers
et des bergères du Lignon ».

Boire les eaux ne requiert qu'un courage modéré,
mais prendre la douche ! « C'est une assez bonne répé-
tition du Purgatoire. On est toute nue dans un petit lieu
souterrain, où l'on trouve un tuyau de cette eau chaude,
qu'une femme vous fait aller où vous voulez. Cet état,
où l'on conserve à peine une feuille de figuier pour tout
habillement, est une chose assez humiliante... »

Si l'on devait demeurer seule, on n'aurait pas la force de supporter une telle épreuve ; mais « derrière un rideau se met quelqu'un, qui vous soutient le courage pendant une demi-heure ». C'est un médecin. Il en est de peu recommandables ; mais il en est de « fort honnêtes, point charlatans, ni préoccupés de rien. »

Si l'on a la chance d'en avoir un de tel, « on le retient, dût-il vous en coûter votre bonnet. » « Il me parloit pendant que j'étois au supplice. Représentez-vous un jet d'eau contre quelqu'une de vos pauvres parties, toute la plus bouillante que vous puissiez vous imaginer. On met d'abord l'alarme partout, pour mettre en mouvement tous les esprits et puis on s'attache aux jointures qui ont été affligées ; mais quand on vient à la nuque du cou, c'est une sorte de feu et de surprise qui ne peut se comprendre : c'est là, cependant, le nœud de l'affaire. Il faut tout souffrir, et l'on souffre tout, et l'on n'est point brûlée, et on se met ensuite dans un lit chaud où l'on sue abondamment, et voilà ce qui guérit. »

Tandis qu'on demeure couchée, le médecin ne vous abandonne point : « il a de l'esprit, de l'honnêteté, il connoît le monde et les devoirs de ses fonctions ». Jamais il ne laisserait une malade « aux deux heures d'un ennui qui ne peut se séparer de la sueur ». Il s'assied près du lit : « je le fais lire et cela me divertit ».

Les douches complètent l'effet des douze grands verres avalés chaque matin. En vérité, c'est une « lessive » mais on est venu pour cela : « Il y a de la raison dans ce traitement ». On s'en aperçoit vite : « C'est comme si je renouvelois un bail de vie et de santé ».

Une telle existence serait monotone sans les « allants
et venants ». Certains sont de vrais personnages de
comédie : Madame de La Barois qui est laide, « point
jeune, habillée du bel air avec de petits bonnets à ca-
rillon et qui bredouille d'une apoplexie ». Après vingt-
deux ans de veuvage, cette folle ne s'est-elle pas amou-
rachée de M. de La Barois « qui en aimoit une autre à
la vue du public, à qui elle a donné tout son bien et qui
n'a jamais vécu qu'un quart d'heure avec elle, pour
fixer les donations et qui l'a chassée de chez lui, outra-
geusement ».

Quand on songe à toute cette histoire, on a « extrêmement envie de lui cracher au nez ».

Il y a Madame de Péquigny à qui son physique
agréable a valu le surnom de *Sibylle Cumée* : « Toute
parée, toute habillée en jeune personne... elle cherche
à se guérir de 76 ans dont elle est fort incommodée ».
Vraiment, cette Péquigny est une « machine étrange ! »

Il y a Madame de Brissac, une minaudière qui
joue de ses coliques et se met au lit « belle et coiffée à
coiffer tout le monde : je voudrois que vous eussiez vu
l'usage qu'elle faisoit de ses douleurs et de ses yeux, et
des cris, et des bras, et des mains qui traînoient sur la
couverture, et les situations, et la compassion qu'elle
vouloit qu'on eût ».

Il y a enfin, Madame de Saint-Hérem. Celle-là,
vraiment, est folle. Saint-Simon nous a conté ses diva-
gations : « Quand il tonnoit, elle se fourroit à quatre
pattes sous un lit de repos, puis faisoit coucher tous ses
gens dessus, l'un sur l'autre en pile, afin que si le ton-

nerre tomboit, il eût fait son effet sur eux avant de péné-
trer jusqu'à elle... Elle s'étoit ruinée, elle et son mari
qui étoient riches, par imbécillité, et il n'est pas croyable
ce qu'elle dépensoit à se faire dire des évangiles sur la
tête. »

Les eaux sont si efficaces qu'au bout d'un mois
Madame de Sévigné « marche fort bien et mieux que
jamais ». Elle n'est plus une *grosse crevée* ; elle a le dos
d'une *plateur* qui la ravit et serait au désespoir de ren-
graisser.

Sans doute, elle a encore quelques douleurs aux
genoux, mais c'est si peu de chose qu'elle ne s'en plaint
point du tout... La seule gêne persistante est celle des
mains : « Je ne saurois couper ni peler des fruits, ni
ouvrir des œufs, mais je mange, j'écris, je me coiffe, je
m'habille ; on ne s'aperçoit de rien... Si l'été ne me
guérit pas, on me fera mettre les mains dans une gorge
de bœuf, mais comme ce ne sera que cet automne, je
vous assure que je vous attendrai pour ce vilain remède ;
peut-être n'en sera-t-il pas besoin. »

Cependant, il faut songer au retour, être « mati-
neux » ; partir à quatre heures, à trois heures du matin
pour éviter la chaleur. Il est vrai qu'on a des compen-
sations : « C'est un plaisir de voir lever l'aurore et de
dire dévotement les sonnets qui la représentent ».

C'est un plaisir aussi de rentrer chez soi, de penser
que, bientôt, on retrouvera ses amis, qu'on pourra leur
conter de vive voix, et Dieu sait de quelle façon, le récit
de tant d'aventures.

*
* *

II. — BOURBON-L'ARCHAMBAULT (1687).

La rivale de Vichy au XVIIe siècle, c'était Bourbon. Les personnages d'importance s'y rendaient avec faste. Quand Madame de Montespan, qui en mit les eaux à la mode, y alla en 1676, ce fut « dans un bateau peint et doré, et meublé de damas rouge par dedans, que lui avoit fait préparer M. l'Intendant » et auquel elle avait eu cette hardiesse, cette insolence dans le vice triomphant de faire mettre « mille chiffres, mille banderoles de France et de Navarre ». « Jamais, il n'y eut rien de plus galant, ajoute Madame de Sévigné ; cette dépense va à plus de mille écus mais il (l'Intendant) en fut payé bien comptant par la lettre que la belle écrivit au Roi dans le même temps qui n'étoit pleine, à ce qu'elle dit, que de cette magnificence. »

En 1687, Madame de Sévigné se rend à son tour, à Bourbon. Plus de rhumatismes, cette fois ; mais des « manières de convulsions » à la main gauche et des « vapeurs » qu'elle croit importantes, qui ne le sont point mais lui font craindre l'apoplexie.

A ces malaises dont la rate est cause, lui dit-on, les eaux de Bourbon seront merveilleusement spécifiques : « Les eaux purgeront les humeurs tandis que les bains chauds provoqueront des sueurs sans violence », assure le médecin Alliot.

Les médecins ne sont jamais à court d'explications

et Madame de Sévigné n'a pas grande confiance en eux :
« Quelle forfanterie que leur art !... J'aime à les consulter
pour me moquer d'eux... » Peut-on rien voir de plus
plaisant que la diversité de leur opinion, dans le même
temps, sur le même malade. L'un dit : « Faites ceci »,
l'autre : « Ne le faites pas... »

Cette fois, pourtant, il faut l'avouer, Alliot parle
« de bon sens ».

La duchesse de Chaulnes qui a besoin également
des eaux de Bourbon et ne veut pas faire le voyage
seule a demandé à Madame de Sévigné de partir avec
elle.

Comment refuser ce service à une excellente amie !
Madame de Sévigné se met en route. On est en
septembre.

Le voyage est délicieux : « Jamais, je dis jamais,
le temps n'a été plus parfait, plus solide et plus sincère.
Pour les chemins, c'est une chose extraordinaire que
leur beauté. On n'arrête pas un seul moment ; ce sont
des mails et des promenades partout ; toutes les montagnes aplanies, un chemin de paradis ; mais non, car
on dit que le chemin en est étroit et laborieux et celui-ci
est large, agréable et délicieux. »

Arrêt près d'Étampes, à Milly ; puis à la Charité ;
puis à Nevers. C'est seulement à la dernière étape que
le temps change mais si complètement que l'on croirait
être dans un autre climat. Le ciel est bas comme en
Bretagne : « Depuis la pointe du jour, jusqu'à la nuit
fermée, sans arrêter que deux heures, juste pour dîner,
c'est une pluie continuelle. » Les chemins deviennent

endiablés. Crainte de verser dans des « ornières effroyables », il faut aller à pied : dix lieues et ces lieues paraissent si longues que, de bonne foi, Madame de Sévigné s'y trompe et assure qu'elles ne sont pas dix mais quatorze !

Enfin, la voici arrivée. Au XVIIe siècle, on n'allait pas aux eaux, comme on le fait parfois à présent, pour son plaisir. A Bourbon, les malades étaient presque tous gravement atteints. « Gens estropiés ou demi-morts », ils traînent « une infinité de restes ou de menaces d'apoplexie ». La marquise est dans les moins atteintes. On la trouve même si bien que, quand elle parle des douches, on les lui refuse ; on se moque de ses craintes d'apoplexie ; on traite ses vapeurs de « visions » !

Comme unique traitement, les eaux ! Elles guérissent tout : « Elles sont admirables et pour les néphrétiques et pour mille autres maux ».

Si l'on se souvient de ce que Madame de Sévigné écrivait onze ans auparavant, on trouvera qu'elle montre bien de l'ingratitude envers Vichy. Simplement, elle subit l'influence du milieu où elle est présentement et de ceux qui l'entourent. Elle répète ce qu'elle entend dire. Les médecins de Bourbon savent que les malades préfèrent aller à Vichy, dont les environs sont plus agréables que ceux de Bourbon, alors ils proclament :

« Nos eaux l'emportent sur celles de Vichy ! Elles l'emportent de mille lieues ».

Pour attirer les patients, puis les retenir, ils ont trouvé le moyen de « raccommoder les deux rivales à leur profit ». Par quel artifice ? C'est très simple. « Ils

LES BAINS DE BOURBON L'ARCHAMBAULT AU XVII° SIÈCLE
d'après ISRAËL SILVESTRE.

PL. II.

Madame de Sévigné.

font venir des eaux de Vichy et, les ayant fait réchauffer
dans le puits le plus bouillant de tous ceux qui sont à
Bourbon, ils les font boire comme les autres. »

Le résultat est admirable ! Les eaux de Bourbon qui
ont reçu celles de Vichy « dans leur sein », leur donnent
précisément le même degré de chaleur : « Ce n'est plus
qu'un cœur et qu'une âme. Vichy se repose dans le sein
de Bourbon et se chauffe au coin de son feu, c'est-à-dire
dans les bouillonnements de ses fontaines », chante, à son
tour, Madame de Sévigné qui ajoute : « J'étois dégoûtée
du réchauffement de Paris avec de méchants fagots
froids mais la chaleur d'ici me plaît infiniment ».

A Bourbon, la vie n'offre pas la même animation
qu'à Vichy ; elle coule si tranquille que l'on se croirait
« dans un couvent ». A la même heure, tout le monde
fait la même chose : on prend les eaux, on se repose,
on se promène par les rues, on reçoit, on fait des
visites, on mange jusqu'aux mêmes plats ; point de
sauces ni de ragoûts. Ce manque de diversité ennuie :
mais, quitté Bourbon, on se dédommagera : « J'espère
bien jeter un peu, cet hiver, le froc aux orties de notre
jolie auberge ».

Dans la paisible petite ville, nombre de gens viennent
se reposer des « extrêmes évacuations de Vichy » ; on
coudoie des personnages : « M. Mansard est ici » ; on
le salue et puis l'on bâille. Point de promenades. Le
pays, à Vichy, « étoit le plus beau, le plus charmant du
monde ». A Bourbon, « c'est le plus vilain et le plus
étouffé ».

Durant trois semaines et un jour, Madame de Sévigné

se soigne docilement : « Rien ne peut être mieux compassé[1] que le traitement : neuf bains, trois médecines,
deux jours de repos et seize jours de boisson. Les
eaux, — « c'est une opinion commune, ici, — sont douces
et consolantes et... se distribuent dans toutes les parties du corps avec une onction admirable ». Aussi, véri-
tablement malade, ou malade seulement d'imagination,
on s'en retourne chez soi « content et n'ayant de regret
à son voyage ».

1. Mesuré comme au compas ; donc bien réglé.

CHAPITRE VII

MADAME DE GRIGNAN A-T-ELLE
ÉTÉ TUBERCULEUSE?

En 1676, Madame de Grignan dut se rendre de Provence à Paris. On est en hiver. Le temps est détestable. Elle attrape un gros rhume. Comme elle est fort dure à elle-même aussi bien qu'aux autres, elle ne se soigne pas ou, plutôt, elle se soigne à sa fantaisie et sa fantaisie ne vaut rien.

Ce rhume, dont « on ne fut pas assez effrayé, fut le commencement de tous ses maux », maux qui durèrent des années et paraissent bien avoir les apparences de ce que nous appelons aujourd'hui, la tuberculose.

Les imprudences que nous pouvons commettre ne sont jamais que la cause accidentelle d'une maladie; pour qu'elles aient des conséquences fâcheuses, il faut qu'elles tombent sur un tempérament affaibli. C'est le cas pour Madame de Grignan. Faut-il croire Madame de Sévigné qui prétend que, pour ne pas devenir un « paton de graisse », pour maigrir, la belle Madelonne prenait des bains chauds avec excès et surtout ne man-

geait qu'insuffisamment ? « Jamais l'on n'a vu de belle
ni de jolie femme prendre (ainsi) plaisir à se détruire ».

Faut-il écouter Bussy qui rend M. de Grignan res-
ponsable de l'état de la jeune femme ? « N'est-ce pas une
honte et un honnête assassinat de faire, en neuf ans,
six enfants, à un (*sic*) enfant elle-même. »

Tout l'hiver, Madame de Grignan tousse ; elle a un
point au côté, se plaint d'être constamment fatiguée et
maigrit encore. Inutile de lui donner des conseils. Elle
n'écoute rien. Parce qu'elle a étudié la philosophie de
Descartes, « elle se croit fort habile, n'a pas bonne opinion de la capacité des autres », ne change rien à sa
vie habituelle et, en pleine canicule, simplement parce
qu'elle a décidé de le faire, retourne en Provence avec
son mari. Dieu, cependant « fait un miracle en sa
faveur ». Elle ne souffre pas du « pénible voyage » et le
« terrible air » de Grignan, cet air *pointu* qui « devoit
la faire mourir », semble d'abord lui être favorable.
« Elle est belle, elle est tranquille, elle est gaie. »

Charmante nouvelle ! « Qu'on l'écrive en vers et en
prose, qu'on la répète pour la trentième fois, que tous
les échos la redisent. »

Amélioration trompeuse. Vers l'automne, brusque-
ment, c'est un état aigu. Madame de Grignan prend
froid ; sa gorge « est en flammes ». Elle a la fièvre ;
« Hélas ! quand on a le sang de cette furie, c'est bientôt fait ». On craint une esquinancie. On la saigne.
Deux fois en un jour[1]. Elle crache le sang. Heureuse-

1. C'est l'époque où Gui Patin se faisait saigner sept fois, pour
un rhume !

ment, la sérosité qui l'étouffait se détourne de la poitrine et retombe aux cuisses et aux jambes. Où en était-elle sans ce bonheur? Mais, mon Dieu, qu'elle est maigre ! Maigre au point que sa mère lui écrit : « Je hais de voir la côte d'Adam si visiblement en votre personne. »

Cependant, elle semble entrer en convalescence. On est à la mi-octobre. En Provence, cette époque de l'année est délicieuse. Il fait beau, il fait un temps admirable. Prendre le dîner, le repas d'une heure, dans le château est une chose extraordinaire. On va en promenade jusqu'à la Rochecourbière ; on s'installe dans la grotte, la « jolie grotte » devant laquelle M. de Grignan a fait disposer des terrasses, des escaliers pour la rendre plaisante et accessible. La belle Madelonne mène « une vie de bergère avec son berger ». Les nuits sont tièdes infiniment. Il y a les plus beaux clairs de lune. Le moyen de résister à leur attrait ! « Tant mieux, ma fille, c'est signe que vous vous portez bien puisqu'on vous le permet ».

A la fin du mois, Madame de Grignan se juge assez forte pour entreprendre le long voyage de Provence à Paris.

Le comte ne peut l'accompagner. Elle part avec son fils et son parent, le marquis de la Garde. Elle descend au Marais, à l'hôtel Carnavalet où sa mère vient tout juste de s'installer : « C'est une belle et grande maison ». Comme elle est déjà ancienne, il faut s'y passer des petites cheminées et des parquets à la mode. En revanche, « elle offre une belle cour, un beau jardin, un beau quartier et de bonnes petites filles bleues[1] qui sont fort commodes ».

La *Provençale* y a sa chambre où l'on monte par quelques degrés. Elle est petite, « *cousue* » dans celle de sa mère mais on n'y entend point de bruit ; le voisinage des autres habitants n'incommode point : « cette petite chambre est sourde ».

Madame de Grignan s'installe avec ses gens. On veille à son régime. Rien n'est plus sage que celui ordonné par Guisoni, son médecin de Provence. Retranchement de tous les ragoûts. Des bouillons et de la poule bouillie. A souper, depuis qu'elle a eu son rhumatisme, Madame de Sévigné n'en prend pas davantage.

Est-ce la fatigue du voyage ; l'altération de la santé de la « pauvre Provençale » est-elle déjà si profonde ? sa « poitrine est d'une délicatesse qui fait trembler ».

Viennent les grands froids de décembre et de janvier, elle en est tellement pénétrée qu'il lui arrive d'en perdre la voix plus de trois heures ! « Elle avoit une peine à respirer qui me faisoit mourir. » Elle maigrit encore et sottement s'en réjouit. Avec cela, fort opiniâtre. Elle n'a aucune confiance dans les médecins et ne veut point de remède. Si, au moins, elle consentait à prendre du lait. Selon tous les conseils, il lui serait excellent. Le lait lui est contraire. Elle l'affirme. Du petit lait, en ce cas ? Pas davantage. Quoi, alors ? Rien ! Le temps et le repos feront leur œuvre.

1. Le couvent des Annonciades Célestes, ou Filles Bleues, se trouvait, depuis 1626, dans la rue Culture-Sainte-Catherine, et mitoyen de l'Hôtel Carnavalet.

Se reposer, garder la chambre? Manière de parler. Dès qu'elle est mieux, elle n'y veut plus consentir. On ne soigne pas une « fille de Descartes » et qui raisonne mieux qu'un médecin « comme une autre personne! » Elle mène la vie « enragée », la « chienne de vie » qui a toujours été celle de Paris! Tout le jour, elle ne fait que courir en mille endroits : visites d'obligation aux ministres, à M. de Colbert « qu'on ne voit pas et où il faut avoir la peine de retourner; « visites à des parents, à des amis; dîner chez l'un, souper « en festin », chez l'autre. Le « morceau encore au bec », courir au sermon, à la comédie; par là-dessus, s'asseoir à une table de bassette qui est le jeu du bel-air et mène loin dans la soirée. En vérité, c'est un *tourbillon* : « tout est pressé, poussé; une pensée, une affaire, une occupation pousse ce qui est devant elle : ce sont des vagues ». Quand arrive le moment de se mettre au lit, la *Provençale* n'en peut plus mais se garde de l'avouer : c'est sa « fantaisie de dire toujours qu'elle se porte fort bien ». Au vrai, elle est « usée, consumée, dépérie, échauffée, épuisée, desséchée », et elle a trente ans, l'âge redoutable pour les maladies de la poitrine !

A ses fatigues, s'ajoute le regret d'être séparée de son mari, de *Paulinotte* sa fille, pour qui l'on s'étonne, de lui voir, soudain, tant de tendresse.

Loin d'eux, « les mois lui paraissent longs ». Faut-il parler aussi de ses démêlés avec sa mère? Ces deux femmes qui font profession de s'adorer, de ne pouvoir vivre l'une sans l'autre, se chamaillent dès qu'elles sont ensemble. Les torts sont toujours du côté de Madame de Grignan. Suprêmement acariâtre, elle s'emporte pour un rien. « Vous êtes trop vive, vous êtes trop sensible, » lui dira Madame de Sévigné dans un euphémisme que lui fait trouver son amour. Madame de Grignan, par surcroît a un caractère cachottier. C'est Madame Mystère. Elle « transforme en secret ce qui s'est passé à la face des nations » et puis elle reproche à sa mère de trop parler, de s'épancher, de se soulager le cœur inconsidérément, de se plaindre d'elle à l'un et à l'autre.

« Vous avez dit au chevalier de Grignan (son beau-frère) que j'étois imparfaite, toute pleine de défauts.

— Moi! C'est une injustice criante !

— Ma mère, il me l'a répété.

— Écoutez-moi ma fille. Ce n'est point cela que je pense et que je dis ; c'est au contraire de vous trouver trop dure sur mes défauts dont je me plains. C'est moi qui ai toutes les imperfections dont vous croyez que je vous ai chargée. »

Une autre fois :

« Oh ! je le sais bien, vous n'êtes point aise de me voir. Ces jours-ci vous étiez à Livry ; vous aimiez bien mieux y être seule, qu'à Paris, avec moi.

— Ah ! ma belle, ma mignonne, taisez-vous ! Quelles vilaines idées ! Ne touchez pas au fond de la tendresse sensible et naturelle que j'ai pour vous : c'est un prodige ! »

Une autre fois, encore. Le cardinal de Retz avait eu le dessein d'offrir un cadeau à sa cousine, Madame de Grignan, une cassolette semble-t-il. Consultée par le cardinal, Madame de Sévigné avait cru pouvoir assurer que le cadeau serait le bienvenu. Or il déplaît à la comtesse de l'accepter : « Le moyen de le penser ! Eh bien, nous avions mal deviné ; vous ne l'avez pas voulu ; on l'a supprimé et renvoyé : voilà qui est fait, c'est une chose non avenue. »

Cela ne vaut pas, en vérité, les *tons* que Madame de Grignan prend, ni de recommencer ses injustes reproches : « Vous serez trop heureuse quand je serai loin de vous ; je vous donne mille chagrins, je ne fais que vous contrarier ». Autant de discours à avoir pour la pauvre mère, « le cœur percé » et « à fondre en larmes ! »

Et s'il n'y avait de querelles que pour des vétilles. Mais, sur bien des points, les intérêts de la mère et de ses enfants sont mêlés. Les discussions à leur sujet amènent des paroles aigres. On se quitte froidement. Madame de Grignan fait sa mine rancunière. Madame de Sévigné se couche mais ne dort point ; elle ressasse les paroles entendues, « se forge des idées : illusions et fantômes » d'un cœur trop sensible, mais qui « font peur et font transir, tout fantômes qu'ils sont... »

De son côté, sans doute, Madame de Grignan ne trouve qu'un repos incomplet. Le lendemain, on se réconcilie.

Querelles et réconciliations, autant d'émotions fâcheuses pour une femme surmenée, qui se *dévore* au sens exact du mot. De jour en jour, Madame de Grignan s'épuise.

Tout lui devient fatigue extrême. Un soir, dans sa

chambre, Madame de Sévigné demande à sa fille de
danser un de ces menuets où elle eut une grâce *divine*.
Cette « pauvre Grignan » n'en a pas la force. Madame
de Sévigné est épouvantée. D'accord avec le marquis
de La Garde, elle fait venir Fagon. « Excellent médecin
et bon praticien », disait de lui Saint-Simon, Fagon a la
confiance du Roi et est fort réputé. On lui reconnaît
« bien de l'esprit et de la science ».

La *conférence* dure deux heures. Fagon examine la
malade et la trouve d'une grande faiblesse et fort
maigre.

« Oh ! fait Madame de Grignan, cette maigreur n'est
rien. Après avoir été grasse, on devient maigre. »

Réflexion banale, dérobade de toutes les femmes qui
ont craint l'embonpoint. Mais Fagon, fermement :

« Vous vous trompez, Madame, cette maigreur
vient de la sécheresse de vos poumons qui commencent
à se flétrir. Vos langueurs, vos lassitudes, vos pertes
de voix marquent que votre mal est au poumon. Pre-
nez-y garde : vous ne demeurerez point comme vous
êtes. Il faut que vous vous remettiez en santé ou bien
votre maigreur viendra jusqu'à l'excès : point de milieu. »

Que va ordonner l'illustre praticien ? « Ennemi
implacable de ce qu'il appelait charlatans, c'est-à-dire
des gens qui prétendent avoir des secrets et donner des
remèdes[1] », il conseille simplement la tranquillité, le
repos, les régimes doux et de ne point trop écrire...

A ce moment, d'après ce qu'elle conte, Madame

---

1. Saint-Simon, *Mémoires*.

de Sévigné intervient pour dire le désir de sa fille de retourner en Provence malgré les chaleurs qui approchent :

« Ne seroit-il pas plus sage qu'elle ne partît qu'à l'automne pour passer l'hiver à Aix dont l'air est très bon? Un air *subtil* comme celui de Grignan n'est-il pas contraire ? »

Fagon approuve :

« Madame, il l'est beaucoup. »

Ainsi, c'est résolu, Madame de Grignan doit renoncer à un proche départ. « Elle prend du petit-lait pour la conduire à celui de vache naturel, il n'y a que ce remède pour les maux de poitrine » et, « pour joindre la douceur de l'air à celle du régime », elle se rend avec sa mère à Livry[1] où il y a un air « tout gracieux » et un bruit d'oiseaux « bien plus joli que les vilains cris des rues de Paris ».

Avec l'automne, la comtesse rentre à Paris où son mari est venu la retrouver. L'hiver approche puis s'installe. Il est, cette année-là (1678-1679), particulièrement rude. « Glaces et neiges sont insupportables; les rues sont de grands chemins remplis d'ornières »; il faut atteindre la fin de février « pour commencer à revoir le pavé qui nous fait le même plaisir que le rameau d'olive qui fit connaître que la terre étoit découverte ».

---

1. L'abbaye de Livry appartenait au Bien Bon : « Elle ne vaut pas plus de mille écus, mais elle est fort jolie », disait Dangeau.

La belle Madelonne doit souvent garder la chambre.
Elle prend la « fièvre tierce » et ressent de « grandes
sueurs », qui lui persuadent que « ce qui piquoit sa poitrine et faisoit croire à un ulcère... étoient des sérosités
que les sueurs ont fait sortir ». Sa poitrine va mieux,
mais elle tombe dans une étrange et effrayante maigreur
et cette « maigreur sur sa maigreur naturelle » est plutôt du décharnement. On lui donne à boire « des eaux
de Sainte-Reine[1] » qui ont une grande réputation et lui
font beaucoup de bien ; avec le « vert naissant » elle
retourne à Livry par « le plus beau temps du monde
et retrouve le jardin, les allées, le petit pont, l'avenue,
la prairie, le moulin, la vue, la « petite vue », la forêt
proche et, dans les buissons, ces « aimables chèvre-
feuilles » dont l'odeur est divine. Il faudrait qu'elle pût
demeurer à la campagne tout l'été ; sa mère le voudrait ;
mais la comtesse a une « raison austère qui lui fait préférer son devoir à sa vie » ; elle veut repartir *pour Provence* avec son mari.

Dans cette discussion, Madame de Sévigné l'emporte. Son gendre la soutient : il n'a rien à faire en
Provence ; la cour est à Versailles et, « comme il aime
fort tendrement Madame sa femme », il ne la presse
point de partir, au contraire.

C'est seulement à la mi-septembre que la comtesse
se met en route. Quoiqu'elle soit moins mal, elle tousse
toujours, ses « jambes sont froides et mortes », car,
admirez l'ingéniosité de l'explication, « c'est l'humeur

1. Alise-Sainte-Reine.

de sa poitrine qui se jette là »!... Ce n'est pas vivre que vivre avec tant d'incommodités.

La malade se moque de tous les soins à prendre et Madame de Sévigné, qui se meurt d'inquiétude, multiplie les recommandations. Au moment du départ, elle s'adresse à son gendre et lui, pour la rassurer :

« Fiez-vous à moi ; je réponds de tout. »

Pour ménager la belle Madelonne, on la fait aller d'une allure lente et, toutes les fois qu'il se peut, sur un bateau, où on lui a construit une cabane. Elle y a son lit car elle n'est pas seulement la « personne la plus qualifiée, elle est la plus délicate ». Les autres voyageurs, son mari, son fils, ses deux jeunes belles-filles et les serviteurs couchent sur la paille. Le carrosse de M. de Grignan et quelques meubles restés à Paris rejoindront, plus tard, avec les servantes.

D'une époque à l'autre, celles-ci ne changent guère. Il faut entendre, sur ce sujet, Madame de Sévigné à qui incombe le soin de les commander.

« Vos gueuses de servantes ont perdu toute votre batterie et votre linge : c'est pitié ! »

Le voyage a lieu d'abord sans incidents ! « Le soleil et la lune font leur devoir à l'envi » ; mais à partir de Lyon, c'est un temps épouvantable. Les vents sont contraires et en furie. Sur le Rhône, la tempête est déchaînée ; il faut renoncer à gagner Valence par eau. On va à petites journées. Les nobles voyageurs couchent où ils peuvent, tous sur des bottes de paille, dans de méchantes auberges, des « *pouillers* », dit Madame de Sévigné.

Après bien des fatigues, « d'horribles fatigues », des jours sans manger rien de chaud, des levers à minuit qui font gémir les deux jeunes et aimables Mesdemoiselles de Grignan, la petite troupe arrive à Grignan :

« La bise vous a-t-elle reçue? Vous reposez-vous? demande Madame de Sévigné. Il faut un peu rapaiser votre sang et c'est pour cela que le repos vous est absolument nécessaire... » Surtout point d'écriture. Rien n'est pis que d'écrire beaucoup. Point de lettres ou des lettres très courtes, une feuille tout au plus, pour dire : « Me voilà ». La fidèle Montgobert[1], *Gogo* comme l'appelle la petite Pauline, fera le reste.

Sur ce sujet, Madame de Sévigné a des supplications qui égalent à peine ses inquiétudes :

« Ma très chère fille, figurez-vous que je suis à genoux devant vous et qu'avec beaucoup de larmes je vous (le) demande par toute l'amitié que vous avez pour moi et par celle que j'ai pour vous... Fermez votre écritoire, c'est le vrai temple de Janus..., si on pouvoit vous couper le poing droit, vous seriez grasse ».

Madame de Grignan n'est guère d'humeur à obéir. Non seulement, elle continue de demeurer des heures, chaque jour, dans son petit cabinet, et « dans une posture qui tue la poitrine », mais elle reçoit, donne des bals. Cependant elle accepte de prendre du lait, mais la continuité des régimes peut seule donner de bons résultats : « car de prendre du lait quinze jours et puis de dire : « J'ai pris du lait, il ne me fait rien », ma fille

---

1. Gouvernante de Madame de Grignan.

c'est se moquer de nous et de vous-même la première ».
C'est se moquer encore de dire : « Je prends du lait » et
d'en prendre si peu ! douze cuillerées. Vaudrait-il pas
mieux souper ? »

Ces observations, ces contradictions importunent
la malade :

« Hé quoi, qu'est cela ! Vous dites : « prenez du
lait ». Vous dites : « n'en prenez pas ».

— Hélas, ma fille, je change à toute heure ; je ne
sais ce que je veux ; c'est que je voudrois que vous
puissiez retrouver de la santé ; il me faut pardonner
si je cours à tout ce que je crois de meilleur et c'est
toujours sous le nom de bien et de mieux que je change
d'avis. »

Comment s'étonner si l'état de la comtesse reste
mauvais : son corps est engourdi « avec des frémisse-
ments et des inquiétudes qui lui vont jusqu'au cœur ».
Madame de Sévigné ne l'ignore pas et, rencontrant
Du Chesne, lui parle de sa fille.

Du Chesne est « l'ami de Fagon » ; ils ont fait connaissance au chevet de Louvois qui, dans une promenade à cheval, s'était cassé la jambe : les deux médecins furent « quarante jours ensemble et se sont liés
d'une estime très particulière ».

Écoutons l'avis de Du Chesne au sujet de Madame
de Grignan.

Il dit que « ce sont des sérosités et la vraie humeur
des rhumatismes... Il voudroit que vous vous fissiez
frotter quelquefois l'épine du dos avec de l'eau-de-vie
et de l'huile de noix tirée sans feu, mêlés ensemble : cela

ouvriroit les pores dans le lieu d'où les sérosités partent et vous en seriez soulagée ». Pour le régime : « il vous loue d'avoir quitté votre vieux lait qui vous est contraire ; bien des orges, des bouillons de poulet avec des semences froides ! » Il craint aussi que le café ne précipite le sang de la malade, ce sang « qui auroit tant besoin d'être calmé et adouci... Le café peut être bon à des gens qui n'ont mal qu'à la poitrine ; mais, jamais, il ne s'est ordonné dans la disposition où vous êtes et on en peut juger par votre maigreur qui augmente à mesure que vous en prenez... ; la force que vous croyez que le café vous donne n'est qu'un faux bien. »

Le vrai bien serait celui que procure le repos ; mais, dès le début de novembre, la comtesse quitte Grignan où l'hiver est « impraticable » pour aller à Lambesc : « Une plus grande gloire l'appelle plus avant en Provence » ; le désir également, ou plutôt le *devoir* d'accompagner son mari.

« C'est le premier de tous, c'est celui auquel il faut faire céder tous les autres, dit Madame de Sévigné, qui ajoute plaisamment que, désormais, elle ne se représentera plus sa fille, qu'observant et consultant les volontés de M. de Grignan « comme on faisoit, autrefois, les entrailles des victimes ».

*
* *

Depuis dix ans, M. de Vendôme, gouverneur de Provence n'a point paru dans son « *royaume* ».

M. et Madame de Grignan qui remplissent cet *inter-
règne* doivent se montrer, tenir leur cour; aussi ne
restent-ils que quelques jours à Lambesc. Il leur faut
aller à Salon, puis à Aix.

Ces déplacements sont terribles! Personne, autour
de la comtesse, n'y songe donc! Que de fatigues à
chaque voyage. La femme d'un lieutenant général pour
le roi ne se déplace pas comme une simple particulière.
Les villes envoient des députations : deux présidents et
six conseillers à Aix! Par la façon dont les choses se
passent en semblables circonstances et à la même époque en Bretagne, nous pouvons imaginer ce qui a lieu en
Provence :

« On arrête dans la poussière, on baise, on sue, on
ne sait ce qu'on dit, on avance, on entend des trompettes, des tambours... » Le peuple « crie quelque
chose ». « Derechef, on baise tout : les hommes et les
femmes; c'est un manège étrange! »

C'est un manège tuant. Par son remuement, la vie à
Aix ne le cède en rien à celle de Paris : dîners d'apparat
« avec une grande quantité de lumière.... du bruit, des
trompettes, des violons, un air de royauté, enfin ».
Petits soupers soi-disant particuliers, mais qui ne
laissent pas de réunir dix-huit ou vingt convives, bals
fréquents, cercle qu'il faut tenir, jeux auxquels on doit
prendre part. Non la *bassette*, M. de Grignan la hait,
mais l'*hombre*; il l'aime, quoiqu'il ne la sache pas du tout
et sa femme encore moins. L'un et l'autre cependant
sont « bien chauds » au jeu, aussi perdent-ils tous les
jours : « N'est-ce pas doubler la dépense nécessaire »,

gémit Madame de Sévigné... Les invités sont partis.
Retirée enfin dans sa chambre, Madame de Grignan
repose mal. Le bruit de la rue dont elle est désaccou-
tumée l'empêche de dormir.

A la fatigue des contraintes mondaines s'ajoute
celle que causent les exercices de dévotion, non en son
particulier, mais en public. En Provence, plus qu'ailleurs, les pratiques religieuses sont nombreuses. La
femme du lieutenant général est tenue de les remplir :

« Tous les premiers dimanches du mois, toutes les
douze ou treize fêtes de la Vierge », Madame de
Grignan doit communier. Pourquoi? Pour édifier « des
sottes et des ignorantes ». « O mon Dieu! » s'écrie
Madame de Sévigné qui, amie des Jansénistes, réprouve
les communions trop fréquentes, « dites-leur que saint
Louis, qui étoit plus saint que vous n'êtes sainte, ne com-
munioit que cinq fois l'année. Mais sait-on sa religion,
dans ce pays, où tout est en pèlerins, en pénitents, en
ex-voto, en femmes déguisées de différentes couleurs »,
et où, à la procession de la Fête-Dieu, on voit cette
profanation : un « Prince d'amour » et ses figurants,
danser devant le Saint-Sacrement, avec des chevaux de
carton!

A une telle vie, l'état de Madame de Grignan s'ag-
grave. Après les poumons, l'intestin se prend et l'estomac; elle a des douleurs, « les plus piquantes, les plus
pesantes »; elle a constamment la colique et cette colique est « toujours de conséquence ». Certes, on n'a pas
calomnié Madame de Grignan en parlant de l'aigreur de

son caractère. Peut-être, cependant, conviendrait-il de chercher dans le mauvais état de sa santé l'explication, sinon la justification, de son humeur bizarre, difficile : avoir perpétuellement la colique et « toujours de conséquence »; avoir un estomac « qui vous parle », comme elle disait pour faire entendre qu'elle en souffrait, être tenaillée de maux de tête violents, ne pas dormir ou dormir mal, n'inclinent pas à la bienveillance, à l'aménité.

La comtesse souffre si cruellement qu'à la fin elle prend le parti de faire passer sa santé avant son devoir.

On dit quelquefois : « je me veux réjouir pour mon argent »; elle dit, elle : « je me veux reposer pour mon argent ».

Tandis que l'on danse et que l'on chante et que l'on joue et que l'on veille, tandis qu'on fait « une horrible dépense », elle est retirée, elle est couchée dès huit heures du soir, et ses belles-filles font « bon effet » pour la remplacer.

M. de Grignan qui aime sa femme et se souvient, sans doute, que deux fois, déjà, il a été veuf, entoure et dorlote et « mitonne » la comtesse. Pour les promenades, il choisit les jours où il n'y a point de vent, les heures ensoleillées. Par bonheur, cet hiver-là offre à Aix la « continuelle douceur d'un mois de mai ».

Grâce à ce traitement et quoique l'air de Provence soit trop subtil, trop vif et trop desséchant, affirme Madame de Sévigné, quand on a la poitrine délicate, Madame de Grignan recouvre des forces. A la mi-mars, son mari la trouve assez bien « pour la faire trotter avec lui ». Quelle imprudence ! Madame de Sévigné prend son gendre à parti :

« N'êtes-vous pas cruel de la mener à Marseille et peut-être plus loin ? Hélas ! vous savez combien le repos lui est nécessaire : comment l'exposez-vous à de telles fatigues ?... Est-ce que vous êtes parfaitement content de sa santé et que vous n'y souhaitez plus rien ? »

Les craintes de la marquise étaient exagérées. Le voyage a lieu sans conséquences fâcheuses et n'offre qu'enchantements. Le gouverneur, M. de Vivonne, fait à la belle Madelonne « d'extrêmes honnêtetés ».

Une fête est donnée, en son honneur, au château d'If que, passionnément, elle souhaitait de voir : « M. le duc de Vivonne ne l'eût pas sitôt appris qu'il fit équiper la *Reale* de tout ce qui étoit nécessaire pour rendre cette promenade plus agréable... La galère arriva au château d'If à deux heures après-midi. Madame la comtesse de Grignan et toutes les dames qui l'accompagnoient entrèrent dans le salon qui avoit été préparé pour les recevoir. Elles y trouvèrent une table à vingt couverts... A ce superbe repas succéda une représentation, sans machines, de l'opéra de *Bellérophon*... Dès que l'opéra fut achevé, les dames rentrèrent dans la galère et arrivèrent au port à la lueur de plus de deux mille lampions. » (*Mercure*, avril 1680.)

Cette fête est la dernière de la saison. Quoiqu'il soit encore « bien matin » pour aller à Grignan, où « la bise en furie » menace de « renverser les balustres » car elle en veut au château, Madame de Grignan n'en a pas moins hâte de s'y rendre avec toute sa famille,

sa « grande famille » ; Grignan est non seulement le lieu
le plus propre du monde à rétablir sa santé, prétend-
elle, mais à réparer les dépenses d'un hiver à Aix. Si
elle ne réussit pas dans ce dernier point, elle atteint
le premier.

Elle a trouvé, à Aix, un « joli médecin », un « petit
médecin » dont elle est si contente qu'elle voudrait
l'envoyer à sa mère. C'est Pierre de La Rouvière, de la
Faculté de médecine de l'Université d'Avignon :

« Qu'il vienne, répond Madame de Sévigné, je
parlerai de lui à M. Du Chesne et nous lui ferons tuer
quelques malades dans mon quartier pour voir un peu
comme il s'y prend... Ce seroit dommage qu'il n'usât
pas du privilège qu'il a de tuer impunément. »

Grâce à ce Pierre de La Rouvière, Madame de Grignan « s'amuse » à se guérir tout à fait. Elle a aban-
donné le lait qui l'empoisonnait. Elle mange du riz, de
grandes assiettes de riz, et ce régime « adoucissant » lui
convient si bien que nous la verrons l'appliquer autour
d'elle. Quelques années plus tard, M. de Grignan a-t-il
une crise de goutte, sa femme, d'autorité, le met au riz.
C'est une panacée ; on ne saurait trop chanter ses effets
merveilleux, non plus que ceux de la pervenche « bien
verte, bien amère, » mais bien spécifique aux maux de
Madame de Grignan et qui « restaure », qui « purifie le
sang », qui « rafraîchit », enfin, les poitrines enflammées.

Anodine pervenche ! Madame de Sévigné lui attri-
buera la guérison de sa fille :

« Vous en avez senti de grands effets. »

Hormis quelques rougeurs au visage dues à l'air

trop vif de Grignan et qui ne doivent pas contribuer à l'embellir, la comtesse déclare, maintenant, se porter beaucoup mieux. Sa poitrine ne lui fait plus mal. Moins douloureuse, moins fréquente, sa colique n'est plus que *colicaille*, comme dirait Madame de Coulanges, et n'empêche ni de boire, ni de manger.

Le temps passe agréablement. C'est le mois de juin. La chaleur, la poussière n'ont pas encore dévoré la verdure; les fleurs du parterre embaument : « Le soleil dore les montagnes, les troupeaux bondissent dans les champs », comme écrira un jour Madame de Grignan dans une des très rares et conventionnelles descriptions qu'elle ait laissées.

Au château des Adhémars, la compagnie est grande et bonne; quand. Madame de Grignan dit : « Nous sommes seuls », il arrive qu'on soit cent. Insensiblement, l'on gagne l'été.

Alors, ce sont des « dîners galants », des « soupers enchantés » à Rochecourbière. La chère est délicieuse. Ruineuse, certes, mais justement vantée. Le gibier est en abondance. Le cuisinier réussit des tourtes de mouton et de pigeon qui sont devenues célèbres. Parfois, on a du beurre. C'est un régal. Le beurre est denrée rare en Provence : « on le compte dans l'agrément d'un repas ». Les fruits sont exquis : figues molles et sucrées, muscat couleur d'ambre, melons qu'on fait cuire dans un vin excellent. On débouche des bouteilles de *Jusclan*; on « fait briller le vin de Saint-Laurent »; on porte des santés et comme les absents ne sont pas oubliés, on porte celle de Madame de Sévigné. Certain convive boit, parfois, plus qu'il ne conviendrait et le chevalier de la Croustille, par exemple, « seroit, sur ce point, assez digne d'être breton ».

Pendant le repas, l'orchestre de M. de Grignan fait entendre des harmonies dont les échos répètent cent fois les accents : « C'est, en vérité, une fort jolie partie. » Le concert terminé, on devise. La *belle Provençale* s'accommode à merveille de sa place « souveraine, exposée, brillante ». Libre à nous de nous la représenter tenant son cercle. Elle est vêtue avec ce bon goût célébré par sa mère et qui lui faisait assortir ses habits et ses rubans, corrigeant « toujours l'incarnat avec quelque couleur brune… tempérant le brillant par un ton assourdi ». Selon la mode du temps, on se livre aux jeux d'esprit : impromptus, bouts rimés que termine une pensée ingénieuse ou piquante; on pose des devinettes : « Lequel pèse le plus de cent livres d'or ou de cent livres de plume? — C'est tout de même, mais l'un est bien plus cher que l'autre. » On fait des madrigaux. Peu, cependant. Madame de Grignan ne les aime point. C'est fâcheux : « Ne sont-ils pas les maris des épigrammes? Ce sont de si jolis ménages quand ils sont bons »; on cherche un nom pour une allée, une devise à écrire sur un arbre ; on compose une inscription pour une statue ou un cadran solaire; on épilogue, on dispute à l'infini ainsi qu'au temps des cours d'amour; du fond de la Bretagne, il arrive que Madame de Sévigné fournisse le sujet : « Je donne à examiner cette question à Rochecourbière; si cette joie que j'ai de ne guère voir de votre écriture est une marque d'amitié ou d'indiffé-

rence. » Tenons pour assuré qu'on a disserté également
avec élégance, sur cette belle et subtile question de
Corbinelli : « Lequel est le plus heureux : ou un pauvre
amant dans une grande incertitude d'être aimé ou un
autre dans une entière certitude de l'être. »

Parfois, Madame de Grignan tire de sa poche une
lettre de sa mère et en lit un passage : « M. de Rennes
m'a conté qu'au sacre de Madame de Chelles[1], les ten-
tures de la couronne, les pierreries au soleil du Saint-
Sacrement, la musique exquise, les odeurs et la quantité d'évêques qui officioient, surprirent tellement une
manière de provinciale qui étoit là qu'elle s'écria tout
haut :

« N'est-ce pas ici le Paradis?

— Ah! non, Madame, dit quelqu'un, il n'y a pas
tant d'évêques. »

Il arrive aussi qu'on donne l'opéra. Pour la machi-
nation, on s'arrange et quand les chevaux avec leur
char ne peuvent descendre des cieux, on les fait bonnement sortir de l'écurie. On goûte le plaisir des bains
froids : deux par jour, ce qui, à Madame de Sévigné,
paraît justement excessif. On se promène, aussi, mais
avec des repos fréquents et la marquise se représente
sa fille « trop jolie, sur un sac de pommes, au pied d'un
figuier, avec un bon panier de figues et de raisin » devant
elle.

Mais, le plus souvent, durant l'après-dînée,
Madame de Grignan « joue à la paresseuse » et comme

---

1. Sœur de la belle Fontanges ; elle était abbesse de Chelles.

la chaleur est extrême, elle va se reposer dans son cabinet, « bien couchée, bien à son aise » sur un petit lit qu'elle a fait dresser et préfère, pour la journée, au lit de velours rouge de son alcôve, noble lit, vieux lit « digne des Adhémars ».

Là, elle dort, elle lit, elle rêvasse, elle compte les solives. En un mot, elle se « mitonne » « et fait la mignonne ».

Pourtant, toutes ses heures ne sont pas « filées d'or et de soie ». M. de Grignan qui est un chasseur passionné règle souvent « la vie des dames sur son plaisir ». Les jours qu'il chasse, tous les hôtes du château sont réveillés dès l'aube, Madame de Grignan comme les autres, et les heures des repas sont dérangées. Plus que jamais, en outre, elle a des soucis d'argent; on ne cesse d'exécuter, dans le château, des agrandissements, des embellissements; ces travaux sont coûteux. Il faut représenter; le désir de pousser son mari la ronge... Que de *dragons*!

*
* *

A la fin de l'année 1680, Madame de Grignan retourne à Paris. Quelle joie pour Madame de Sévigné de retrouver sa fille et de la retrouver en meilleure santé. La comtesse est engraissée, son visage lui fait honneur, elle n'a plus « une pauvre chienne de figure »; elle a repris « ses bonnes petites joues » et ses amies, voyant son teint redevenu éclatant, demandent :

« Sur quelle herbe a-t-elle donc marché? »

A quoi Madame de Sévigné répond :

« Sur de la pervenche, Madame, sur de la pervenche. »

Cependant, il lui faut encore bien des soins. Longtemps, elle conserve quelques incommodités : ses jambes sont froides et mortes, elle a des coliques douloureuses, elle est souvent fort incommodée de son côté et c'est seulement à la fin de l'année 1682, c'est à dire six ans après qu'elle commençât d'être souffrante, que Madame de Sévigné peut écrire à son cousin Bussy :

« Ma fille a été bien malade ; elle est guérie et moi avec elle ; car nous sentons, vous et moi, tous les maux de nos filles. »

CHAPITRE VIII

« CETTE PROVENCE... OU L'ON SE PROMÈNE A TRAVERS LES ALLÉES D'ORANGERS... »

La « divine comtesse » a quitté Paris pour suivre son mari. Sous le coup de la douleur sa mère est tout éperdue ; mais les transports les plus violents connaissent l'apaisement ; vient un moment où les « paupières bigarrées » cessent d'être rougies par les larmes ; l'esprit réconforte le cœur. Pour supporter le présent, on se tourne vers l'avenir, l'on forme des projets.

Madame de Sévigné forme les siens, ouvertement. D'abord, ils surprennent son entourage. On lui dit :

« Vous n'y pensez pas ! »

Mais elle y tient.

Qu'a-t-elle donc résolu ? Simplement de partir, elle aussi. On lui arrache sa « très chère et très aimable », sa « bonne et toute bonne », celle « qui est le charme de sa vie et de ses yeux », celle « dont l'esprit touche son goût, plus que tout ce qui lui a jamais plu... » Elle ira la retrouver. A l'autre bout de la France? Ah! mon Dieu, s'il le fallait, elle irait bien plus loin et voudrait partir sur le champ.

On l'attend avec une impatience extrême. Au château de Grignan, n'a-t-on pas, déjà, marqué une chambre comme devant être la sienne? Madame de Grignan qui désire sa mère, écrit là-dessus à Gontaut des « choses » à tranporter de joie un cœur qui les apprend indirectement quoiqu'il les sache déjà et ces « choses » ne font qu'augmenter la furieuse envie que possède la marquise de partir.

Mais, dans la vie, les projets aboutissent rarement selon une ligne droite. Des obstacles surviennent dont le plus important, pour Madame de Sévigné, est la maladie de sa tante, Madame de La Trousse.

Agée et gravement atteinte, il ne semble pas d'abord que la pauvre femme puisse durer longtemps. Contre toute attente, son mal tourne en langueur : « elle étouffe, elle enfle... elle est dans un état pitoyable, il n'y a pas moyen de la voir sans en être fortement touchée... Peut-on la quitter dans un tel état! »

Sa nièce ne sait plus où elle en est : « Nous pétillons », écrit-elle, parlant d'elle-même et de l'abbé de Coulanges qui la doit accompagner. Ma foi, elle pétille si bien qu'elle a résolu de s'en aller, « car, enfin, où sont les bornes du bon naturel? » Ce sont choses qu'on dit ; on ne les fait pas quand on a le cœur d'une certaine façon.

Pour tromper son impatience et partir, du jour au lendemain, dès qu'elle pourra se mettre en route,

Madame de Sévigné s'occupe à ses préparatifs. Elle achète un carrosse de campagne, solide, résistant aux mauvais chemins; elle s'inquiète du bon état des six chevaux qui le traîneront; elle se rend chez Gautier, le marchand à la mode, « lever des étoffes pour bien de l'argent et se faire belle en Provence ».

Deux de ses amies l'accompagnent, afin de la conseiller, et Gautier qui se donnait l'importance d'un personnage veut bien faire connaître son avis « car il étoit en ses bonnes humeurs ».

Non seulement la marquise ne fera nulle honte à sa fille, — « vous verrez un peu quels habits je porterai », — mais elle soutiendra « la dignité de merveille entre deux âges », où ses enfants l'ont élevée.

Chez Gautier, Madame de Grignan n'est pas oubliée. Qu'elle ne se récrie point sur les folies que sa mère fait pour elle! Les présents qu'on lui portera ne sont presque rien : « Je vous prie de ne point monter aux nues, ni me contraindre sur certaines choses. Laissez-moi la liberté de faire quelquefois ce que je veux; je souffre assez toute ma vie en ne vous donnant pas ce que je voudrois... » Pour la comtesse, il aurait fallu une jupe d'une certaine étoffe, mais elle est épuisée. La belle Madelonne se devra contenter d'une indienne. « Les petites étoffes de cette année 1672 « ne sont point du tout chères et sont extrêmement jolies ». On en fera « la plus jolie jupe du monde, à la mode, avec un petit joli manteau ». Tout sera de bon goût et si Madame de Grignan veut ne pas faire de peine à sa mère, elle dira simplement :

« Vous êtes une bonne femme, je suis fort aise de
ce que vous apportez. »

Voilà le ton qui est agréable; celui-ci uniquement et
pas d'autre.

Pendant ce temps, l'enflure de Madame de La
Trousse ne cesse d'augmenter. « C'est un excès de douleur qui serre le cœur des plus indifférents. » La malade
qui a toujours eu « un très bon esprit et le conserve
jusqu'au bout », parle de sa mort comme d'un voyage
et fait à sa nièce des caresses qui « tuent » celle-ci tant
elles la bouleversent et lui font prévoir une fin toute
proche : « Je touche mon départ du bout du doigt, mais
ce qui me donne congé me coûtera bien des larmes ».

Quelques jours plus tard, une légère amélioration
survient et, tout de suite, Madame de Sévigné : « Ma
tante n'est plus si excessivement mal, nous sommes
résolus de partir dans le mois de mai... Nous mourons
d'envie de passer la Pentecôte en chemin. »

Vain espoir. Il s'avère que l'état de Madame de La
Trousse « tirera d'une grande longueur ». « Je vis au
jour la journée et n'ai pas le courage de rien décider.
Un jour, je pars; le lendemain, je n'ose... »

Ces hésitations, nous les suivons de lettre en lettre :
le 13ᵉ de mai, Madame de Sévigné est décidée. Elle se
mettra en route « quand même il en devroit coûter
quelque petite chose à la bienséance ». Le 20, elle ne
part plus. Après une apparence d'amélioration, la
malade est bien plus mal que jamais. Le 23, la marquise retombe à ses hésitations et vit « avec le désespoir dans le cœur ». Cependant les habits commandés

pour se faire brave sont achevés, le carrosse est dans
la remise et, tout « en jouant d'une espérance que, de
bonne foi, elle n'a pas », — celle de retrouver sa tante
encore vivante, à son retour de Provence, — Madame
de Sévigné écrit : « Certaines choses, dans la vie, sont
fort mal arrangées : ce sont de grosses pierres dans le
chemin, trop lourdes pour les déranger ; je crois que
nous passerons par-dessus ; ce n'est pas sans peine : la
comparaison est juste... »

Aussi bien, Madame de La Trousse est une véritable
sainte : « A demi déjà dans le ciel, elle ne songe plus
qu'à son grand voyage et comprend fort bien celui que
je vais faire : elle me donne congé d'un cœur déjà tout
détaché de la terre, entrant dans mes raisons ».

Ce congé, c'est Madame de Sévigné, maintenant,
qui ne veut pas en profiter. Peut-elle partir sans inhu-
manité ? Sa tante est à l'extrémité. On lui porte le
viatique ; mais « comme son mal est d'être entièrement
consumée, cette dernière goutte d'huile ne se trouve pas
sitôt. Elle est debout, c'est-à-dire dans sa chaise (son
fauteuil) avec sa robe de chambre, sa cornette, une
coiffe noire par-dessus et ses gants. Nulle senteur, nulle
malpropreté dans sa chambre ; mais son visage est plus
changé que si elle était morte depuis huit jours. Les os
lui percent la peau ; elle est entièrement étique et desséchée ; elle n'avale qu'avec des difficultés extrêmes ; elle
a perdu la parole. Vesou lui a signifié son arrêt : elle
ne prend plus de remèdes ; la nature ne retient plus
rien, elle n'est quasi plus enflée parce que l'hydropisie
a causé le desséchement ; elle n'a plus de douleurs parce

qu'il n'y a plus rien à consumer ; et voilà à quoi elle tient. »

Quand on est loin, on se rend mal compte des choses. Madame de Grignan demande si la marquise va attendre jusqu'à l'hiver pour partir. Qu'elle vienne, ou elle ne pourra point se promener à cause de l'excessive chaleur ; elle ne trouvera plus ni poires, ni pêches. Et elle rit, la belle Madelonne. Elle sait que sa mère redoute le chaud et est gourmande.

Mais, voici comme Madame de Sévigné la calme : « Ma très aimable, vous y serez, peut-être (à Grignan). Et quand je serai lasse de compter vos solives, ne pourrai-je point aller sur vos belles terrasses ? et ne me voulez-vous point donner des figues et vos muscats ? Vous avez beau dire que je m'exposerai à la sécheresse du pays, espérant bien de n'en trouver que là, je prévois seulement une brouillerie entre nous : c'est que vous voudrez que j'aime votre fils plus que votre fille et je ne crois pas que cela puisse être. »

En attendant, que Madame de Grignan s'occupe à préparer la chambre de sa mère, qu'elle songe à en bannir « les chiennes de punaises ». A Paris, dans la maison de la rue Sainte-Anastase où elle vient de s'installer, Madame de Sévigné en est accablée à ne savoir où se mettre : « Ce doit être bien pis en Provence ».

Que Madame de Grignan fasse également de l'huile de scorpion. Il y a des scorpions en Provence. Ces bêtes sont effroyables et il faut de l'huile dans quoi on a fait macérer leur corps bien pilé, afin qu'on trouve, « en même temps, les maux et la médecine. »

Madame de Grignan
par L. Fauchier (1643-1672).

Que la comtesse, enfin, mette à jour ses livres de compte pour les donner au « Bien Bon », dont la présence, peut-être, apportera de l'ordre dans le désordre coutumier des Grignan : « Profitez de ses bonnes intentions, écrit Madame de Sévigné. On fait bien des affaires en peu de temps. »

Avec le dernier jour de juin, Madame de La Trousse achève sa douloureuse vie : « La pauvre femme m'a bien fait pleurer dans cette triste occasion et pour moi qui suis tendre aux larmes, j'en ai beaucoup répandu. » Mais quelle consolation d'être demeurée jusqu'à la fin auprès d'elle et de l'avoir entendue dire « à l'abbé et à moi, en nous tendant la main, qu'elle recevoit une extrême consolation de nous avoir tous deux dans ces derniers moments. » Tant il est vrai qu'on joue long-temps la comédie et qu'à la mort, seulement, on lève le masque, on est sincère...

Les derniers devoirs à rendre à la dépouille de sa tante; les adieux aux amis intimes qui sont encore à Paris ou aux environs : Madame de La Fayette, La Rochefoucauld, d'Andilly; l'organisation de la maison de la petite Marie-Blanche qu'on vient de sevrer et qui ne sera pas du voyage; mille préparatifs, pour lesquels il faut courir, retiennent encore Madame de Sévigné une quinzaine de jours et c'est seulement à la mi-juillet qu'elle annonce son arrivée, non sans taquiner amicale-ment son gendre : « M. de Grignan veut-il bien que je lui rende une visite dans son beau château? »

En comptant les deux femmes de chambre, les voya-geurs sont cinq. L'abbé, d'abord. Il est gai et content

et se rit des discours des gens qui viennent assurer
« agréablement » que c'est vouloir mourir qu'entreprendre le voyage de Provence en plein été. Madame
de Sévigné ensuite ; enfin La Mousse. Celui-ci, on croirait qu'il part pour l'équateur. La « grandeur » du
voyage l'effraye. Il est « ébranlé » des puces, des
punaises, des cousins (des moustiques), des scorpions,
des chemins et du bruit qu'il trouvera, peut-être... Il
en parle constamment et, pour lui rendre courage, la
marquise se moque de lui.

De Paris à Grignan, on comptait vingt jours :
« Vingt jours d'extrêmes fatigues. » De ce que les voyageurs n'en mettent que dix-sept, nous pouvons juger de
la rapidité de leur train. « Le temps est divin, il a plu
comme pour le Roi. » Point de poussière, il fait frais
et « les jours sont d'une longueur infinie ».

Dans la compagnie de ses abbés, Madame de Sévigné est un peu gravement. Pour avoir de la joie, il faut
être avec des gens réjouis. Le « Bien Bon » et La
Mousse ne le sont point. Afin de se distraire, les voyageurs, dans leur carrosse, lisent Virgile, « non pas tra-
vesti, mais dans la majesté du latin et de l'italien. »

La marquise a décidé de passer par la Bourgogne.
Malgré sa hâte d'arriver chez sa fille, elle allongera un
voyage qui, déjà, sera long, car la famille crée des
obligations et veut, parfois, qu'on se contraigne : « Je
ne pourrai pas refuser quelques jours, en passant, à
quelque vieille tante que je n'aime guère, » remarque
Madame de Sévigné.

Cette « vieille tante », — Madame de Toulongeon, —

reconnaissons que sa nièce avait des raisons de ne
« l'aimer guère », même de lui en vouloir ; car, voilà qui
est incroyable, et pourtant vrai, Madame de Toulongeon, toute fille d'une sainte[1] qu'elle fût, a toujours
montré un fâcheux naturel. Petite, elle marquait un
grand goût pour la coquetterie.

Poussée par sa mère : « Vous serez bien plus heureuse avec lui que d'avoir un jeune fou étourdi, débau-
ché comme le sont les jeunes gens d'aujourd'hui », elle
épousa le comte de Toulongeon, « un très bon et brave
gentilhomme », mais qui avait quinze ans de plus qu'elle.
Devenue riche, très riche par ce mariage, elle ne s'en
montra pas moins, lors des partages successoraux,
âpre, chicanière, retorse, jusqu'à multiplier les efforts
pour réduire à presque rien la part de sa nièce : la
petite enfant, Marie de Rabutin-Chantal, demeurée
orpheline.

Après avoir eu l'intention de brûler Dijon et de se
dérouter pour aller voir sa tante, Madame de Sévigné
ne va pas chez Madame de Toulongeon et s'arrête à
Dijon. Ses motifs, nous les ignorons ; mais soyons assu-
rés qu'elle dut être contente d'avoir à donner seulement
rendez-vous pour quelques heures à cette vieille et si
vilaine Toulongeon.

Entre Saulieu et Chalon-sur-Saône, les voyageurs
affrontent la descente de Rochepot, qui est une montagne « avec un précipice caché derrière une petite haie

---

1. Sainte Chantal qui eut trois filles et un fils : Celse, Bénigne, père
de Madame de Sévigné.

de rien du tout ». Le chemin est plein de cailloux. Quand il pleut, on est dans le « coton des boues » et La Mousse n'est pas seul à trembler.

Puis, c'est Lyon, où la marquise est attendue par Madame de Rochebonne[1] et Madame de Coulanges avec ses parents. On promène Madame de Sévigné, on la montre; elle dîne chez l'un, soupe chez l'autre et reçoit mille amitiés : « J'en suis honteuse, je ne sais ce qu'on a, à me tant estimer. » Fausse modestie! masque charmant mais qui ne trompe pas. Madame de Sévigné sait à merveille que, partout, elle plaît, elle n'ignore pas pourquoi et l'on a bonne envie de lui dire ce qu'elle ne balançait pas de décocher au pauvre La Mousse gémissant :

« Ah! qu'irai-je faire à Grignan! Quelle figure, hélas! Je ne suis rien...

— Humilités glorieuses que cela. Humilités glorieuses! »

Point d'incidents, depuis le départ. C'était trop beau. A Lyon, un des chevaux se va noyer, sottement, dans l'abreuvoir : « Je vous ferai honte, mais ce n'est pas ma faute... »

De Lyon, les voyageurs gagnent Valence, puis Montélimar; ils descendent ce « diantre de Rhône si fier, si orgueilleux, si turbulent. Il faut le marier à la Durance. Le bon ménage!... »

Madame de Sévigné a été recommandée « comme une princesse » à toutes les autorités. Le bateau a de

---

1. Sœur de M. de Grignan.

bons patrons; le fleuve est presque désert. Les lointains sont fondus dans une vapeur dorée comme il s'en voit dans les tableaux de Claude Gelée. Le long des rives passent des vignobles, parfois un château; dans la campagne, les amandiers, les oliviers déploient leur grêle feuillage, des villages se profilent aux maisons entassées, des villes brûlées de soleil; on aperçoit un mail; des « cours » sont ombragés par de larges platanes... Il faut franchir des remous, des tourbillons et La Mousse a grand'peur.

Enfin, le trentième de juillet de cette année 1672, un samedi, la petite troupe arrive à Robinet, le port de Montélimar. Il est précisément une heure de l'après-midi lorsqu'elle débarque. L'abbé se porte bien; La Mousse est encore en vie et Madame de Sévigné, pour un peu, chanterait tout haut, à voix claire, ce qu'elle écrivait quelques jours auparavant :

« Quelle joie, ah! quelle joie d'aller à vous, ma belle comtesse! »

Reste à gagner le château des Adhémars. Il est si élevé que « tout de bon, les nuages sont sous vos pieds ». Si on laissait les muletiers libres d'agir à leur guise, on prendrait le plus court. Pour avoir dédaigné « le chemin du carrosse », il arriva à Madame de Coulanges de manquer « tomber dans un précipice épouvantable ». Sans l'officieux du But qui « descendit promptement et soutint la litière », elle était morte !

De tels récits font transir et il faut avouer qu'on est heureux d'avoir passé à travers tant de dangers et d'être épargné.

* *

Madame de Sévigné n'a d'abord connu la Provence que par les récits de sa fille : peut-être, — elle était grande liseuse, — avait-elle lu, également, la relation que Chapelle et Bachaumont avaient écrite de leur voyage[1].

Elle s'était fait du pays une idée ou plutôt deux idées différentes, voire opposées, mais qui répondent assez bien à la réalité : dans ses aspects, la contrée est diverse. La Provence, dit-elle, « ce sont des grenadiers, des orangers, des jasmins. Voilà comme on nous l'a dépeinte. » Mais la Provence, en certaines de ses parties, c'est aussi un désert : « Je ne vois que des pierres, des rochers affreux... Où se mettent les rossignols pour chanter ? »

On dira : « Il y a les orangers, les oliviers. »

« L'amertume de ces arbres ne leur plaît pas, répond Madame de Sévigné, qui ajoute pour sa fille : « Remettez-moi votre pays en honneur. »

L'occasion s'en présente. A la fin d'avril 1672, Madame de Grignan part pour faire le plus divertissant, le plus extraordinaire des voyages. Elle se rend à Marseille, à la Sainte-Baume ; puis elle va visiter la Princesse de Monaco. Voyage ? Non. Promenade, plutôt, promenade « dans les plus beaux lieux du monde. Du moins le semble-t-il à Madame de Sévigné

1. Ce voyage est probablement de 1656.

qui est encore à Paris. Partout, Madame de Grignan est reçue comme la reine. Les descriptions qu'elle fait de ce qu'elle voit sont « admirables ». C'est sa mère qui le déclare. Loin d'ennuyer, ainsi qu'il arrive trop souvent des récits de voyage, ceux de la belle Madelonne, amusent et intéressent : « on croit lire un joli roman ». C'est toujours Madame de Sévigné qui parle.

L'air est plein de parfums. Que de parfums ! Trop est trop. Notre pauvre machine ne les peut supporter : « Les meilleures choses sont dégoûtantes quand elles sont jetées à la tête », remarque Mme de Sévigné ». « Il n'y a point de délices qui ne perdent ce nom quand l'abondance et la félicité les accompagnent ». Qui dit cela ; qui s'exprime aussi précieusement ? La comtesse, la divine comtesse que sa mère loue d'écrire plus « agréablement » que personne, au monde. « Agréablement » ! L'éloge risque de paraître mince. Madame de Sévigné le craint et, renchérissant sur elle-même : « Il vous échappe des périodes comme à Tacite ; j'ai trouvé cette comparaison ; il n'y a rien de plus vrai... » Madame de Grignan dut être contente. On le serait à moins.

« Il y a quelque chose de romanesque à voyager » avec la magnificence qui accompagne la *Provençale* ! Mais que de périls pour arriver jusqu'à Monaco perché sur son rocher. Il faut passer « par monts et par vaux... s'exposer en des sentiers que resserrent les Alpes et les flots de la Méditerranée. Madame de Sévigné le dit : « J'aimerois mieux aller à l'occasion[1] ; j'affronterois plus

---

1. « Occasion » se disait pour combat.

aisément la mort dans la chaleur du combat, avec l'émulation des autres et le bruit des trompettes, que de voir de grosses vagues me marchander et me mettre à loisir à deux doigts de ma perte et, d'un autre côté, vos Alpes, dont les chemins sont plus étroits que vos litières, en sorte que votre vie dépend de la fermeté du pied de vos muletiers. Ma fille, cette pensée me fait transir depuis les pieds jusqu'à la tête. Je suis servante de ces pays-là, je n'irai de ma vie et je tremble quand je songe que vous en venez »...

*
* *

Depuis près de cinq mois, Madame de Sévigné est en Provence ; il va lui être donné de juger par elle-même des « merveilles » du pays. Dans la première quinzaine de décembre, les Grignan quittent leur château et viennent prendre leurs quartiers d'hiver à Aix.

Nous voudrions connaître l'impression de Madame de Sévigné sur cette ville. Partageait-elle l'opinion de Chapelle et Bachaumont, pour nous si surprenante, au moins dans l'une de ses parties : « C'est une capitale sans rivière et dont tous les dehors sont fort désagréables ; mais, en récompense, belle et assez bien bâtie... » Mme de Sévigné qui goûta si vivement la fine atmosphère de l'Ile de France et les aspects enveloppés de brumes de la Bretagne, a-t-elle admiré la lumière radieuse, les lignes sèches des paysages provençaux ? Nous ne le saurons jamais. Simplement il semble que,

rentrée à Paris, elle n'ait nullement éprouvé la nostal-
gie des pays de soleil qui nous possède aujourd'hui.

A Aix, elle ne s'éternise pas. Son gendre ayant à
faire quelque tournée dans la province, elle trotte à sa
suite; ainsi la trouvons-nous à Lambesc, dont, une
autre fois, elle dira : « Je crus voir que le plaisir des
habitants et le divertissement des Provençaux étoient
d'animer, de brouiller et de se rendre nécessaires. »
L'on sait la mésaventure qu'elle subit au moment de
quitter la petite ville : « J'étois tout habillée à huit
heures, j'avois pris mon café, entendu la messe, tous
les adieux faits, le bardot chargé, les sonnettes des
mulets me faisoient souvenir qu'il falloit monter en
litière; ma chambre étoit pleine de monde qui me prioit
de ne point partir parce que depuis quelques jours il
pleut beaucoup, et depuis hier continuellement, et
même dans le moment. Je résistois hardiment à tous
ces discours, faisant honneur à la résolution que j'avois
prise et à tout ce que je vous mandai hier par la poste,
en assurant que j'arriverois jeudi, lorsque, tout d'un
coup, M. de Grignan, en robe de chambre d'omelette,
m'a parlé si sérieusement de la témérité de mon entreprise, disant que mon muletier ne suivroit pas ma litière,
que mes mulets tomberoient dans les fossés, que mes
gens seroient mouillés et hors d'état de me secourir,
qu'en un moment j'ai changé d'avis et j'ai cédé entièrement à ses sages remontrances. Ainsi, coffres qu'on
rapporte, mulets qu'on dételle, filles et laquais qui se
sèchent pour avoir seulement traversé la cour et mes-
sager que l'on vous envoie, connaissant vos bontés et

vos inquiétudes et voulant aussi apaiser les miennes, parce que je suis en peine de votre santé, et que cet homme ou reviendra nous en apporter des nouvelles, ou me trouvera par les chemins. »

Dans le courant de janvier 1674, Madame de Sévigné est à Marseille, du moins on le suppose. Sur ses lettres, l'aimable marquise omet, en général, le millésime, le quantième et croit avoir daté, — que de femmes lui ressemblent! — quand elle a écrit le jour qu'on est.

Prompte comme elle fut à l'enthousiasme, Marseille la transporte, l'enchante. De la « Visto », où elle monte par un « temps divin », elle « découvre la mer, les bastides, les montagnes et la ville ». Ce paysage prodigieux, d'or, de lapis-lazuli et de pierre ponce rayonnant de lumière, l'éblouit comme « une chose étonnante ». Certainement, elle a admiré le panorama dont les routes infinies sont ouvertes aux plus beaux songes; mais ce qui la ravit plus que tout dans cette ville «d'une beauté singulière », c'est son tohu-bohu, son remue-ménage, son mouvement, son animation. Sur ce point, rien n'est changé. Le plaisir ressenti par Madame de Sévigné est exactement celui que nous éprouvons dès le débarqué.

Les costumes ne sont plus les mêmes; mais pour qui va errer près du vieux port, dans les rues étroites, — les *calades*, — avec leurs pentes de gros galets, coupées d'escaliers, leurs hautes maisons à façades étroites, à balcons ventrus, leurs fenêtres munies de longs roseaux où sèchent des vêtements, des pièces d'étoffe multicolores, qui donnent l'illusion d'un perpétuel pavoisement, quelle ivresse savourée à chaque pas procure la description laissée par l'inégalable épistolière. Tout y brille et chatoie : « des aventuriers, des épées, des chapeaux du bel air, des gens faits à peindre, une idée de guerre, de roman, d'embarquement, d'aventures, de chaînes, de fers, d'esclaves, de servitude, de captivité : moi qui aime les romans, tout cela me ravit et j'en suis transportée... »

Par malchance, le lendemain de son arrivée, le soleil disparaît. Les vents qui soufflent des grandes Alpes amènent de noires nuées; elles crèvent et l'eau bouillonne; les ruisseaux, dans le milieu des rues rapides, deviennent torrents; chaque *calade* offre l'aspect d'une succession de cascades : « Il fait un temps de diantre... J'en suis triste... Le diable est déchaîné ! » Et Madame de Sévigné ajoute, — car, depuis qu'il y a des êtres humains et qu'il fait froid, l'hiver, ou qu'il y pleut, c'est la phrase consacrée, — « de mémoire d'homme, on n'a point vu de temps si vilain... »

Impossible d'aller à la mer ou au port, de visiter les galères, les galériens dont la marquise se faisait une si bénigne idée quand, plus tard, elle disait à Madame de Grignan : « Vos galériens me paroissent une société d'honnêtes gens qui se sont retirés du monde pour mener une vie douce... »

Les réceptions s'offrent comme dédommagement. Des visites nécessaires occupent l'après-dînée : « Les femmes sont aimables et si aimables, — telle Madame de Montfuron, cousine germaine du comte de Grignan, —

qu'on les aime, sans balancer... » La *Santa-Cruz*[1] « est belle, fraîche, gaie et naturelle ; rien n'est faux ni emprunté chez elle... » Le soir, l'évêque, M. de Marseille, « offre un très bon repas. » Le gouverneur donne les violons. Il vient des masques plaisants : « il y avoit une petite Grecque fort jolie ; votre mari tournoit tout autour : ma fille, c'est un fripon ; si vous étiez bien glorieuse, vous ne le regarderiez pas. Il y a un chevalier de Saint-Mesmes qui danse bien à mon gré ; il étoit en Turc ; il ne hait pas la Grecque, à ce qu'on dit. »

En Provence, le mauvais temps n'a point de durée. Que le mistral souffle, tout rit à nouveau. Le lendemain d'une pluie diluvienne, le soleil brille dans un ciel de paradis. C'est ce qui a lieu. M. de Marseille en profite pour mener son hôtesse « bayer » à travers la ville. Elle va voir la *Reale* et l'exercice et toutes les banderoles et des coups de canon et des sauts périlleux d'un Turc. » Ensuite le dîner et la revoilà, « sur le poing de M. de Marseille, à voir la citadelle et la vue ; et puis à l'arsenal voir tous les magasins et l'hôpital, et puis sur le port, et puis souper chez ce prélat où il y avait toutes sortes de musiques. »

Ah ! que Marseille est donc une jolie ville, « bien plus jolie qu'Aix et plus peuplée que Paris, à proportion : il y a cent mille âmes. » De dire combien sont belles, c'est ce que la voyageuse n'a pas le loisir de compter. A Marseille, « l'air, en gros, est un peu scélérat » ; d'ailleurs, au milieu de tant de fêtes, de tant de

---

1. Madame de Sainte-Croix.

réceptions, Madame de Sévigné n'est pas complètement heureuse. Sa chère fille lui manque : « Je voudrois être avec vous. » Elle songe aux « pichons ». Un jour, elle le dira : « Je suis toute pétrie de Grignans ».

*
* *

Ce premier séjour de Madame de Sévigné en Provence ne dura pas moins de quatorze mois et lui laissa le loisir d'observer les habitants, de voir « ce que c'est que leur indolence parfumée » et « ces têtes si près du bonnet, ces imaginations échauffées par un si bon soleil et ces esprits si vifs, si brillants. »

A deux reprises encore, elle retourne à Grignan ; elle revient trouver ces Provençaux « grands fumeurs qui sentent le tabac comme les Bretons sentent le vin ; car il n'y a personne qui ne soit dangereux pour quelqu'un ».

Sa fille seule l'attire. Reconnaissons-le, Madame de Sévigné n'a jamais goûté complètement la Provence. Elle en parle avec sévérité, parfois avec injustice : « C'est le pays des chèvres, car il n'y a que ces jolies personnes qui puissent gravir dans ces rochers. » « On y est tourmenté des *cousins*. Tout y est extrême : chaleurs, sereins, bises, pluies, tonnerres... Il n'y a rien de doux, ni de tempéré : les rivières sont débordées, les champs noyés et abîmés ; la Durance a quasi toujours le diable au corps... » Le temps, continuellement beau,

« finit par ne vous être de rien : on y est trop accoutumé... Quand on voit peu le soleil, il fait une joie particulière ». Oh! que Madame de Grignan a raison de
s'écrier, après une période de sécheresse : « De la pluie!
Qu'est-ce que c'est que de la pluie! Comment est-elle
faite? Est-ce qu'il y a de la pluie? » En tombe-t-il, d'aventure, c'est pour un temps si court qu'on ne peut mieux
la comparer « qu'aux larmes des petits enfants qui pleurent de colère et point de bon naturel »... L'air de Grignan est un air qui vous « gourmande » et vous « tour-
billonne »... qui vous « emmaigrit et dévore ».

Le château, presque aussi beau que celui de Versailles, est mal commode à habiter. La chambre de
Madame de Grignan est au-dessus du four et, en été,
la chaleur y est intolérable. Mais surtout il y a la
bise! La bise qui, de toutes parts, enveloppe les murailles, pénètre par les portes, les fentes des fenêtres,
jette la fumée dans les appartements et, de sa voix
sifflante, semble demander aux habitants :

« Que faites-vous là, dans mon palais, dont je suis
en possession? Que n'êtes-vous à Paris, à Versailles,
à Aix? »

Faut-il ajouter que, pour une femme éprise de bonne
chère comme Madame de Sévigné, les jours de maigre,
en Provence, semblaient durs à passer. « Vous n'avez
point de bons poissons, ma chère enfant, dans votre
mer, je m'en souviens. Je ne reconnaissais pas les soles,
ni les vives. Je ne sais comment vous pouvez faire le
carême. »

Proches voisins des Italiens, les Provençaux n'avaient

pas alors les mœurs des autres provinces du royaume
et leurs coutumes, souvent, étonnaient ou choquaient
Madame de Sévigné. Les morts étaient portés au cime-
tière à visage découvert; les femmes qui avaient cou-
tume de se coiffer avec des rubans les conservaient
dans leur bière : « Mon Dieu, ma chère enfant, que vos
femmes sont sottes, vivantes et mortes. Vous me faites
horreur de cette fontange. Quelle profanation! Cela
sent le paganisme; quelle sottise! Ho! mon enfant, — et
cette phrase émeut particulièrement, si l'on se souvient
que Madame de Sévigné devait finir ses jours à Grignan, — ho! mon enfant, cela me dégoûteroit bien de
mourir en Provence. Il faudroit, du moins, que vous
me donnassiez votre parole qu'on n'iroit point chercher
une coiffeuse en même temps qu'un plombier... »

Cependant, en 1690, elle « graisse ses bottes » encore
une fois et part pour « Provence ». Elle arrive de Bretagne où, après avoir vécu seize mois, aux Rochers,
chez son fils, elle a trouvé « qu'il seroit joli de venir
passer l'hiver », chez sa fille. Toute la France à traver-
ver! Cent cinquante lieues à faire! Vingt et un jours
de voyage, tantôt en litière et tantôt en bateau!
Mais, l'*amitié* rend tout facile. Le vingt-quatrième d'octobre, Madame de Sévigné aborde, à nouveau, au
petit port de Robinet. Madame de Grignan est descendue de son château et la marquise est reçue avec
une « amitié si cordiale, une reconnaissance si sincère »
que, volontiers, elle trouverait « n'être pas venue
d'assez loin. » Dix-huit ans ont passé, depuis son pré-
cédent voyage. La voici proche de ses soixante-cinq

ans. Comme une dernière goutte de liqueur au fond du vase, elle savoure les bienfaits du soleil de Grignan.

Ses préventions tombent : « Il fait meilleur en Provence (sous-entendu, qu'à Paris), écrit-elle à son cousin, Bussy-Rabutin ; surtout pour nous autres gens de rhumatismes, c'est-à-dire d'arrière-saison. » Et, une autre fois : « On ne peut venir de trop loin pour passer un hiver en ce pays-ci : c'est assurément la plus agréable chose du monde ». Au mois de décembre, « l'air y a toute la douceur du printemps ».

Volontiers, la marquise s'installe sur la terrasse qu'abritent les soubassements du château. On y est « à couvert de la bise », on sent « un soleil capable de rajeunir par sa douce chaleur ». Dans un parterre, il y a quelques fleurs plantées par elle-même. La terrasse donne sur le portail de l'église, la vue y est admirable, spécialement celle qu'offre le Mont-Ventoux : « J'aime fort ces amphithéâtres et suis persuadée comme vous que si jamais le ciel a quelque curiosité pour notre spectacle, ses habitants ne choisiront pas d'autre lieu que celui-là pour les voir commodément... »

De Grignan, Madame de Sévigné se rend à Aix mais un moment seulement, pour voir la jeune religieuse : Marie-Blanche, la chère petite d'Adhémar... « La pauvre enfant ! Qu'elle est heureuse si elle est contente. Cela est, sans doute, mais vous m'entendez bien... »

Passé la mi-janvier, elle retourne à Grignan. Alors, pendant quelques semaines, il y fait un froid à mourir, « car je vous avertis que l'hiver est plus cruel ici qu'en

aucun autre lieu » ; mais, en cette année 1691, la vie
de société est charmante. Le château, où le comte et la
comtesse ont englouti une fortune est « d'une grandeur,
d'une beauté et d'une magnificence de meubles qui ne
se peut concevoir ». M. de Grignan possède une galerie
de tableaux qui est célèbre. La chère est abondante et
exquise. Madame de Grignan a un cuisinier admirable.
N'a-t-il pas servi chez le premier président de Grenoble
à qui Madame de Sévigné se vante, sans vergogne, de
l'avoir « soufflé » ? Ce cuisinier fait des « ragoûts
d'aloyau de concombres qu'il faut préférer à tout ».
Enfin, à Grignan, on voit mille gens. La Provence est
« la plus brillante et la plus passante province de
France... à cause de ceux qui vont et qui viennent
d'Italie ».

Tous ceux que Madame de Sévigné aime se trouvent
réunis. Charles de Sévigné est venu, de sa Bretagne,
prendre les eaux de Vals qui sont de l'autre côté du
Rhône ; le jeune marquis de Grignan, le « petit colonel »,
dont le régiment est à Valence, passe six semaines chez
ses parents.

Madame de Grignan est « aimable ». Sa mère, du
moins, le dit ; mais si elle le croit, pour elle, c'est tout
comme. Un peu gourmé, un peu cérémonieux, M. de
Grignan possède les qualités qui, dans l'intimité,
rendent la vie agréable. Jamais il ne se fâche ; son
humeur est égale. Enfin, il y a Pauline ! Pauline, la joie
de vivre et le charme naissant.

Qu'on est gai, dans le beau château ! On chante des
chansons ; on chante celles que Coulanges envoie et

qu'il a composées : « les plus jolies, les plus plaisantes du monde ». La voix de Madame de Sévigné est demeurée fraîche. Pauline et M. de Grignan l'accompagnent. Aux repas, on porte des santés avec du vin blanc « le plus excellent et le plus frais qu'on puisse voir ». M. de Grignan commence :

« A la santé de M. l'Ambassadeur[1]; à la santé de Madame la duchesse de Chaulnes.

— Tope, à notre cher Gouverneur, riposte Madame de Sévigné en levant son verre; tope à la grande gouvernante. Monsieur, je vous la porte.

— Madame, je vous fais raison. »

« Tout cela, ensemble, fait fort bien et trop bien... les jours semblent passer trop vite!... »

Vient le printemps, le divin printemps. Qui ne l'a point passé, au moins une fois, en Provence, ignorera toujours à quelle volupté, quelle splendeur, il peut atteindre !

Partout, des orangers en caisses, des lauriers-roses, des grenadiers, des rosiers, tous en fleurs :

« Jamais, il ne s'est vu un si beau pays, ni si délicieux... » « Seuls, ceux qui ont été, en Italie, peuvent en comprendre les délices... »

Il faut pourtant s'arracher, à ce paradis. A la fin de l'année (1691) Madame de Sévigné rentre à Paris. Le retour lui coûte peu : elle emmène les Grignan qu'elle a la joie de conserver près d'elle durant trois années. A peine l'ont-ils quittée, elle va les rejoindre.

---

1. M. de Chaulnes, alors à Rome.

C'est son dernier voyage. On est en 1694. La France est épuisée par les guerres continuelles du règne. La misère est si grande, à Paris, que Madame de Sévigné se décide à aller « respirer un peu plus doucement avec sa famille ».

Partie le onze mai, elle arrive à Lyon, le onzième jour, s'y repose, s'embarque sur le Rhône et, le lendemain, trouve à Robinet M. et Madame de Grignan qui l'attendent : « Ils m'amenèrent dans un pays si différent de celui que je quittois et où j'avois passé que je crus être dans un château enchanté... on n'y voit ni misère, ni famine, ni maladies, ni pauvres. On croit être dans un autre monde !... »

La compagnie est nombreuse et se renouvelle : « Nous avons toujours ici quelqu'un qui passe et joue à l'hombre. » Sans doute, Madame de Grignan qui a un rôle à tenir est « exposée à un nombre infini de voisins et aux hommages de tous les Provençaux ». Il vient, dans leurs beaux atours, des pecques, des « Madames » de Montélimar dont la présence accable. Mais la marquise est libre. Elle a toujours trois heures, pour le moins, à lire, à rester dans sa chambre, à faire ce qu'elle veut. Comme elle est demeurée gaillarde et que ses soixante-huit ans ne l'appesantissent point, elle entreprend « de son pied, des promenades champêtres de long cours... »

Quand elle rentre, elle retrouve sa fille et la fille de sa fille et M. le chevalier de Grignan et M. le marquis de La Garde, « d'une piété et d'un commerce admirables ». Il y a aussi M. de Carcassonne et M. d'Arles. Elle cause

avec eux ; elle y a plaisir. Ainsi qu'elle l'écrit à Bussy :
« Il faut ne point oublier sa langue... et se préserver de
la moisissure qui arrive quasi toujours en province ».

« Un beau château, un bel air, de belles terrasses,
une trop bonne chère... c'est une vie de château toute
pleine de liberté et d'agréments », dira Coulanges. C'est
une vie trop douce, reprendra gravement Madame de
Sévigné, « les jours s'écoulent trop tôt et l'on ne fait
pénitence » et la mort vient dans l'ombre.

Hormis la marquise, qui songe alors à elle ? Dans
la grotte de Rochecourbière, la comtesse continue
d'offrir des dîners d'une succulence, d'une délicatesse
sans pareilles ; la description que Madame de Sévigné en
fait à Coulanges est demeurée célèbre : « Les per-
dreaux, tous nourris de thym, de marjolaine et de tout
ce qui fait le parfum de nos sachets... les cailles dont il
faut que la cuisse se sépare du corps à la première
semonce, elle n'y manque jamais... les figues blanches
et sucrées, les muscats comme des grains d'ambre que
l'on peut croquer et qui vous feroient fort bien tourner
la tête, si vous en mangiez sans mesure, parce que c'est
comme si l'on buvoit à petits traits du plus exquis vin
de Saint-Laurent : mon cher cousin, quelle vie ! »

*
* *

Les mois passent ; le beau château brillant de fêtes
devient morne, les salles de réception demeurent
fermées, Madame de Grignan tombe malade et s'alite

pour longtemps. Il faut la soigner pendant le jour, la veiller, la nuit. Sa mère dort peu et mal, et s'inquiète. Sans doute la voyons-nous encore courir, parfois, le pays. En décembre 1695, une de ses lettres, à Madame de Coulanges, est écrite de Marseille : « La jolie chose de dater une lettre de Marseille! la jolie chose de se porter assez bien pour faire des voyages », lui dira sa cousine.

Mais, au vrai, elle est épuisée. Bien longtemps en deçà, un jour, elle écrivait : « Si, à vingt ans, on nous faisoit voir, dans un miroir, le visage que nous avons ou que nous aurons à soixante ans, en le comparant à celui de vingt, nous tomberions à la renverse et nous aurions peur de cette figure ». Elle est devenue une de ces vieilles. A ses amis qui lui envoient leurs vœux de nouvel an et espèrent la conserver encore de nombreuses années, elle répond : « Je ne suis plus bonne à rien ; j'ai fait mon rôle, et, pour mon goût, je ne souhaiterois jamais une si longue vie : il est rare que la fin et la lie n'en soient pas humiliantes. » (Au Président de Moulceau, 10e janvier 1696.)

Elle est exaucée. Quelques mois plus tard, un mardi saint, dix-sept avril, elle meurt de la petite vérole et Madame de Grignan est si malade qu'« on lui cache la mort de sa mère[1] ».

1. Journal de DANGEAU.

CHAPITRE IX

LA « TOURTERELLE » :
LA JEUNE MARQUISE DE SÉVIGNÉ

La « tourterelle »! Tendre surnom. Un jour, dans
une de ses lettres, Madame de Sévigné le donne à sa
belle-fille. Du coup, la jeune femme nous devient sym-
pathique. On voudrait la connaître. Il faut se résigner :
on ne peut que l'entrevoir : petite figure discrète, elle se
montre par brefs instants; elle disparaît pendant de
longues années; on la croit morte, personne ne parle
plus d'elle; mais, de nouveau, voilà qu'elle se glisse
dans la correspondance de sa belle-mère, car c'est surtout par la manière dont Madame de Sévigné nous parle
d'elle que Jeanne de Bréhant-Mauron nous intéresse.

Elle a plu à Charles de Sévigné parce qu'elle est
bretonne. Fille de bonne maison, son père conseiller au
Parlement de Bretagne est riche de plus de soixante
mille livres de rente. Comme dot, elle reçoit deux cent
mille francs « plus clairs que le jour » et auxquels il convient d'ajouter le linge, les hardes, les pierreries, les

dentelles qui ne laissent pas de représenter quelques milliers d'écus : « C'est un grand mariage en ce temps-ci », écrit Madame de Sévigné à Bussy. Et son cousin la reprenant : « Deux cent mille francs ont été, de tout temps, un bon mariage. » Pour Charles de Sévigné plus que pour un autre. On sait les aventures de cet amoureux malchanceux et ses « orages » et ses naufrages. Dépensier, joueur, il a mangé la fortune de sa mère ; « il est absolument rompu », tant il a de dettes ; sa santé est fort ébranlée. « Guidon éternel », « Guidon à barbe grise », il a l'âge d'Arnolphe ou presque ; « maigre, desséché, abattu... sans charges et sans fortune » quelle fille le voudra accepter ? Sa mère se le demande et se désespère, mais tandis qu'elle s'entretient « de ces tristes pensées » et se répète qu'il est « hors d'état de pouvoir prétendre à un bon parti, la Providence lui destine un mariage si avantageux que, dans le temps où il pouvoit le plus espérer, on ne lui en auroit pas désiré un meilleur... »

Sévigné n'a plus lieu de regretter les partis qu'on lui avait précédemment proposés. L'un spécialement. La fille était pieuse : une sainte, l'exemple de toutes les femmes ! De qualité par surcroît, bien faite, avec cent mille écus. Quand Sévigné sut qu'elle lui échappait, « il fut prêt à se pendre », mais, comme dit sa mère, « attendons la fin » : « dans cette créature, tout est passion... Heureusement encore qu'elle ne se tourne que du côté de Dieu. C'est son amant, c'est l'objet de son amour ! sa tête ne peut soutenir l'excès du zèle et de l'ardente charité dont elle est possédée. Elle veut profiter des bons exemples et des bonnes lectures de la

vie des SS. Pères du désert et des saintes pénitentes ;
elle veut être le *Don Quichotte* de ces admirables histoires... » Un matin, à quatre heures, elle se sauve de
chez elle ; elle n'emporte que cinq à six pistoles[1] ; elle
n'est accompagnée que d'un galopin, un petit laquais :
« Elle trouve une chaise roulante, elle monte dedans et
s'en va à Rouen, toute seule, assez déchirée, assez bar-
bouillée, de crainte de quelque mauvaise rencontre ;
elle arrive à Rouen, elle fait son marché de s'embarquer
dans un vaisseau qui va aux Indes ; c'est là où Dieu
l'appelle, c'est où elle veut faire pénitence, c'est où elle
veut finir sa vie sous le sac et sur la cendre... Elle a
saintement oublié son mari, sa fille, son père et toute sa
famille... » Au bout de quelques jours, on la rattrape,
on la prend, on la ramène bien joliment à son mari qui
« aimeroit mieux une galanterie qu'une telle équipée ».
Sévigné l'a échappé belle. On n'a pas à se repentir de
n'avoir pas épousé une folle[2] et Madame de La Fayette
a raison, qui dit « qu'elle n'auroit pas voulu de celle-là,
pour son fils, avec un million ! »

Les fiançailles ont lieu ; au dernier moment, quelques
semaines avant le mariage, des difficultés s'élèvent entre
Madame de Grignan et le comte de Mauron. Froissé
dans sa vanité de gentilhomme de robe, celui-ci prétend
que Madame de Grignan « le méprise et qu'il semble

---

1. Cinquante à soixante livres.
2. Cette folle, c'est Jeanne, Françoise de Garaud, fille d'un très
riche Président à mortier, au Parlement de Toulouse. Elle avait épousé
le Marquis d'Alègre, qui devint Maréchal de France. Saint-Simon dira
d'elle : « C'était une dévote à triple carat et folle au centuple ».

que cette alliance lui fasse tort ». Là-dessus, Charles
de Sévigné supplie sa sœur d'écrire à son futur beau-
père. Elle refuse. Elle est « mal contente de M. de Mauron ». Pourquoi, mon Dieu! que lui a-t-il fait? Rien. —
Pardon, il l'a outragée! — Outragée, parce qu'il lui a
proposé de prendre pour 100.000 francs une terre
estimée 40.000 écus. Voilà un furieux outrage !

En tout cas, faut-il punir Sévigné des torts de
M. de Mauron; est-ce sa faute, si M. de Mauron est
bas-breton et par conséquent opiniâtre, et ne doit-on pas
considérer uniquement que « le beau du jeu » est la grosse
dot qu'il donne à sa fille?

Le mariage est célébré à Rennes, le 8 février 1684.
Deux jours après, les mariés se rendent aux Rochers.
La jeune marquise, je me la représente vêtue d'une certaine robe verte dont elle se préoccupait, peu auparavant, écrivant à Paris pour qu'on lui envoie, au plus
tôt « des bas de soie verte et des garnitures de même
teinte », qui devaient s'assortir à sa toilette.

Pour fêter les époux, toute la contrée est en branle.
Belles dames et seigneurs. Sur la route, les carrosses
se suivent à la file. A Vitré, une députation vient saluer
Sévigné. Plusieurs gentilshommes, nombre de bourgeois
sont à cheval et très bien montés. Les paysans des
terres des Rochers, — plus de mille, — sont sous les
armes et forment une double haie. On adresse aux
mariés un compliment très spirituel. Sévigné descend
de voiture, monte à cheval. Tous les cavaliers en ligne,
l'épée à la main, s'inclinent, au passage, devant la petite
marquise. Ensuite, prenant la tête du cortège, ils accom-

pagnent les carrosses. On passe par le parc de la bonne
Tarente et l'on gagne les Rochers, où « tout le monde
est régalé d'une magnifique collation... » Ce mariage,
c'est l'abbé de Coulanges, le « Bien Bon » qui l'a
négocié. Sévigné peut l'en remercier comme s'il était
« son père ». La jeune femme n'est pas seulement richement dotée, elle est jolie, « fort jolie [1] », déclare sa belle-
mère, sans toutefois rien ajouter. A peine apprendrons-
nous plus tard, et encore incidemment, qu'elle est brune.
Frêle et mince, elle est toute petite; elle-même en convient, en plaisante, ne veut pas que son neveu, le jeune
Grignan, l'appelle « *tante* ». Tout au plus peut-elle
faire une « *cousine* ». Ce qui lui manque, c'est la santé,
sans quoi aucun bien ne compte. Elle n'en a point du
tout.

Quand, sept mois après le mariage, Madame de
Sévigné se rend aux Rochers pour s'occuper de ses
affaires, elle y trouve les nouveau-mariés fort mal en
point : « C'est un ménage qui n'est point du tout gaillard ». Le mari est couvert de clous; la femme, la
« petite femme » fait pitié... « Elle est accablée de
vapeurs; elle change cent fois le jour de visage sans en
trouver un bon; elle est d'une extrême délicatesse, elle
ne se promène quasi pas; elle a toujours froid; à neuf

---

1. L'émail de Petitot (Musée du Louvre), désigné, dans le recueil
édité par Blaisot, sous le nom de Madame de Sévigné (Jeanne de
Mauron), figure une très jeune femme remarquable par la finesse des
traits. Plus que probablement, il représente, non Jeanne de Mauron mais
sa belle-sœur, Madame de Grignan. Un portrait de la femme de Charles
de Sévigné se trouve aux Rochers.

heures du soir, elle est tout éteinte : les jours sont trop
longs pour elle... »

S'occuper de son intérieur, elle n'en a pas la force.
Son mari tente de la remplacer; il surveille le cuisinier
et ses sauces; mais « il n'y entend rien du tout. Larmechin encore moins, le cuisinier encore moins... » Il
faut faire appel à Madame de Sévigné qu'on déclare
« un aigle » en la matière. Désormais « on n'ose rien
juger sans avoir regardé la mine qu'elle fait en goûtant
une sauce... »

La jeune belle-fille ne se formalise pas d'être relé-
guée au second plan : elle est extrêmement timide. Point
provinciale, toutefois. Ce serait lui faire injure de se la
figurer ainsi. Quoiqu'elle n'ait jamais quitté sa Bretagne, « elle ne parle point breton; elle n'a point l'accent
de Rennes... » elle sait s'habiller et être du « bel air »;
elle s'inquiète des modes et s'il y a quelque chose de
changé « à la façon des manteaux et à la coiffure ». Un
jour, nous la verrons prendre plaisir à orner galamment
ses cheveux sombres d'une espèce d'ornement en
velours, une *souris*, qui y produit un bel effet; mais
elle est de ces femmes, discrètes qui se laissent deviner
plutôt qu'elles ne se montrent; elle manque d'assurance
et craint d'importuner; cette silencieuse n'ose presser sa
belle-mère de lui donner son amitié. En elle « rien qui
chagrine, rien qui réveille aussi : cela est tout comme je
le souhaitois », affirme Madame de Sévigné. Est-ce
vrai? On le voudrait; mais comment Madame de
Sévigné ne serait-elle point déçue, elle toute spontanéité,
de trouver si peu d'expansion.

Celui qui est leur lien, Sévigné, doit-il s'absenter, se rendre à Rennes, aussitôt, comme si elles s'étaient entendues, la belle-mère et la belle-fille s'arrangent pour ne point se voir de tout le jour. Si Madame de Sévigné passe la matinée dans les bois, Jeanne reste au logis. Va-t-elle se promener à son tour et de ce côté, sa belle-mère, immédiatement, rentre pour écrire : « Cela est fort commode ». Cela, surtout, n'est point gai et, chez Madame de Sévigné, l'on sent la déception percer de plus en plus : « Elle a de très bonnes qualités », dit-elle de sa belle-fille, « du moins je le crois ; mais dans ce commencement, je ne me trouve disposée à la louer que par les négatives : elle n'est point *ceci* ; elle n'est point *cela* : avec le temps, je diroi peut-être elle est *cela...* »

Ce temps vient. On ne peut vivre pendant des jours, pendant des semaines, sous le même toit et jouer à s'éviter. Il y a les repas, les soirées, les heures de pluie où l'on se trouve tête à tête ; ainsi Madame de Sévigné est-elle amenée à causer avec sa belle-fille. La glace fond. La jeune femme perd son air compassé, elle se familiarise, ose se montrer telle qu'elle est et « souhaitant d'être aimée ». Madame de Sévigné lui rend justice : « Je l'ai trouvée toute pleine de raison, entrant dans toutes nos affaires du temps passé comme une personne et mieux que toute la Bretagne ; c'est beaucoup que de n'avoir pas l'esprit *fichu*, ni de travers, et de voir les choses comme elles sont ». Et, plus tard, la connaissant mieux : « Elle a beaucoup d'esprit, surtout une intelligence vive qui surprend et qui fait croire qu'elle a passé

sa vie dans le monde quoiqu'elle ne soit jamais sortie
de sa province. »

Quel éloge si l'on pense à la bouche qui le formule!...

Sévigné a bien fait de s'absenter! Ah! si seulement
sa femme avait un peu plus de santé! Mais elle est toujours sans forces; on dirait « qu'elle n'a pas de sang
dans les veines ». Contre cette langueur les médecins
sont impuissants. A qui s'adresser? Qui soulagera la
jeune femme; qui?

Il y a alors, à Rennes, de bons pères Capucins. Ils
se sont rendus célèbres par les cures qu'ils font. Quoique
les chirurgiens les « haïssent », et pour cause, ce ne sont
point des « charlatans » : ils méritent que le gouverneur
de la province, le duc de Chaulnes les protège; d'ailleurs « comme ils ne promettent rien, ils ne sont point
embarrassés quand ils n'ont point tout le succès qu'ils
désirent... » Ils ont soigné, amélioré, guéri nombre de
malades; ils ont ressuscité deux mortes. C'est une
manière de parler. L'une ne l'était qu'aux trois-quarts,
« affoiblie de douze saignées » successives et « fortifiée
de ses derniers sacrements ». Les bons Capucins la
voient et disent modestement : « Elle ne mourra au
moins que demain... » Elle vit tout un mois. Si elle
meurt, ce n'est pas la faute des Capucins; ils n'ont pu
« lui refaire un poumon tout neuf; elle avoit vidé plus
de la moitié du sien quand ils la prirent; aussi n'ont-ils
jamais dit qu'ils la guériroient, mais qu'ils lui donne-
roient des jours et feroient en sorte qu'elle mourroit
doucement : ils ont tenu leur parole »; on peut conti-

nuer de les appeler les « Pères Esculape » et se mettre
entre leurs mains. La jeune marquise de Sévigné, son
mari, sa belle-mère, son oncle le « Bien Bon » s'assu-
jettissent à leurs remèdes. Ils en ont d'étranges : poudre
d'yeux d'écrevisse; ils en ont de délicieux : essence
d'émeraude, « qui guérit et console et perfectionne tout
et sent divinement bon »; si on ne l'employait comme
médicament, « on la mettroit sur son mouchoir »; ils
en ont de répugnants : essence d'urine pour guérir les
vapeurs; ils en ont « d'aimables » qui permettent au
malade de se soigner tout en se jouant : Madame de
Sévigné s'est fait une écorchure à la jambe; ce n'était
rien mais elle s'est si bien ou, plutôt, si mal soignée que
l'écorchure est devenue plaie. Les bons pères la traitent :
deux fois le jour, elle applique sur la partie malade des
herbes toutes mouillées qu'ensuite on va enterrer;
« à mesure qu'elles pourrissent, riez-en si vous voulez,
cet endroit (l'endroit malade) sue et s'amollit; et, ainsi,
par une douce et insensible transpiration », la jambe
guérit.

Pour sa belle-fille, les remèdes que les Capucins
recommandent ne sont que breuvages, bains d'herbes et
vipères : « véritables vipères en chair et en os et non
pas de la poudre, car la poudre échauffe à moins qu'on
ne la prenne dans de la bouillie ou de la crème cuite ou
quelque autre chose de rafraîchissant[1] ». Malheureusement, de ces beaux remèdes la malade ne tire qu'une
grande fatigue, qui la confine en sa chambre et ne la met

---

1. Lettre du marquis de Sévigné à Madame de Grignan.

point en humeur de faire, avec sa belle-mère, des « promenades extravagantes ». D'ailleurs, le temps est
effroyable. On est en novembre ; il pleut. « Quand la
pluie commence en ce pays, on est perdu ! » La famille
entière est confinée. L'intrépide marcheuse, Madame de
Sévigné elle-même demeure « comme une demoiselle au
coin de son feu », où elle travaille à une chaise de tapisserie pour le « petit Coulanges ». Sévigné est rentré
aux Rochers. On « seroit bien triste sans lui ». Il attire
des voisins. En dépit du mauvais temps, « il y a quasi
toujours un jeu d'hombre » en route dans la chambre.
Si les visites manquent, Sévigné revient à la lecture :
« il lit en perfection. » On bavarde. Madame de
Sévigné « conte ce que c'est que cette Madame de Grignan » : sa beauté, sa démarche, sa grâce, son esprit,
son cœur... La petite femme de Sévigné n'en revient
pas ; elle dit et l'on croit entendre le ton :

« Mais, Madame, y a-t-il des femmes comme
cela !... »

L'hiver suit son cours. Jeanne de Sévigné continue
les remèdes de ses Capucins, « remèdes chauds et violents, sans en être émue ». Elle a besoin de toute sa
patience, de toute sa douceur, pour ne pas ennuyer les
autres de ses souffrances. Sa belle-mère le reconnaît :
« Je suis fort agréablement », écrit-elle, « avec mon fils et
sa nouvelle épouse. »

De fait, la jeune femme exerce sur son mari une
heureuse influence. Elle est pieuse et le conduit à la
piété. Le voilà « tout à fait tourné du côté de la dévotion », lisant des livres saints dont « il est touché et

persuadé ». Sa mère s'en réjouit car « il viendra un jour
où l'on sera bien heureux de s'être nourri de ces sortes
de pensées chrétiennes. La mort est affreuse quand on
est dénué de tout ce qui peut nous consoler en cet état. »
Bref, quand, après onze mois de vie en commun,
Madame de Sévigné rentre à Paris, la belle-mère et la
belle-fille sont dans les meilleurs termes.

Cependant, séparées l'une de l'autre, elles ne paraissent pas éprouver le besoin de s'écrire. Si elles l'ont
fait, aucune de leurs lettres ne nous a été conservée.
Nous devrons attendre cinq ans pour les retrouver en
présence.

Des dépenses urgentes à faire, chevaux de carrosse
à racheter et de « petits créanciers » dont elle est
« étranglée », décident Madame de Sévigné à retourner
en Bretagne. Il lui faut de l'argent et il ne s'en trouve
« qu'à la pointe de l'épée ».

Elle part après les fêtes de Pâques. Son amie, « la
bonne duchesse », a la complaisance de l'emmener ;
malheureusement l'itinéraire de celle-ci ne passe pas
par le plus court. D'abord arrêt à Chaulnes, où « la
maison est très belle et d'un grand air quoique démeu-
blée et les jardins négligés » ; puis crochet par la Picardie,
par Pecquigny où l'on couche dans le château : « vieux
bâtiment élevé au-dessus de la ville... avec des terrasses
sur la rivière de Somme qui fait cent tours dans des
prairies ».

La vue dont on jouit de cette belle maison est
agréable au dernier point mais « la bise en campagne
n'y sauroit mieux faire. C'est un vent à se croire à

Grignan ! » Cependant, quoique l'on entre dans toutes
« les rigueurs du mois de mai », qu'à peine le vert
montre le bout de son nez et qu'il n'y ait pas un rossi-
gnol encore, il faut convenir qu'en Normandie, de Rouen
à Pont-Audemer, le spectacle est enchanteur : « J'ai vu
le plus beau pays, j'ai vu toutes les beautés et les tours
de cette belle Seine... Ses bords n'en doivent rien à
ceux de la Loire ; ils sont gracieux ; ils sont ornés de
maisons, d'arbres, de petits saules, de petits canaux
qu'on fait sortir de cette grande rivière ; en vérité, cela
est beau. »

Trois semaines durant, le voyage se poursuit sans
accroc. Quand on est avec la femme d'un gouverneur
de province, on a non seulement « le meilleur carrosse,
les meilleurs chevaux, la plus grande quantité d'équipages, de fourgons, de cavaliers », mais on jouit de
commodités, de précautions que l'on ne peut imaginer.
Madame de Sévigné qui, dans ses déplacements, se
montre d'habitude pusillanime, n'aura pas, cette fois,
« à avoir peur, à crier, à rougir, » la bonne duchesse « se
charge de tout ». Par comparaison, son amie « demeure
avec une apparence de courage et de hardiesse » qui lui
vaut des compliments qu'elle ne mérite guère et dont
nous avons envie de sourire.

Après bien des couchées, bien des arrêts, les voyageuses arrivent à Rennes. Grande réception ! Trente
femmes sont venues au-devant de la duchesse ; il faut
répondre aux saluts, aux compliments d'autant de messieurs : « Voilà qui fatigue beaucoup plus que le voyage
n'avoit fait ». Cependant, le « tourbillon » de l'arrivée

n'est point tel que Madame de Sévigné n'y « démêle »
son fils : « nous nous embrassâmes de fort bon cœur ».
La « petite femme » n'est point venue au-devant de sa
belle-mère mais elle est ravie de la revoir. Elle n'habite
plus aux Rochers, elle s'est attachée à Rennes auprès
de sa mère. Son installation ne lui permet pas d'héberger
une visiteuse. Madame de Sévigné va juste chez son fils
pour changer de chemise, car il fait chaud et elle continue d'être « sujette à suer ». De là, grand souper à
l'hôtel de Chaulnes, puis coucher chez la marquise de
Marbeuf qui n'a rien négligé pour faire honneur à son
hôtesse. La chambre qu'elle lui donne est « meublée
d'un beau velours rouge cramoisi, ornée comme à
Paris », et, ce qui est appréciable quand on a dépassé
la soixantaine, le lit est bon : « J'y ai dormi admira-
blement... »

Le séjour à Rennes n'est que de quelques jours.
Madame de Sévigné soupire après le repos, le calme de
la campagne. Sa belle-fille tout de même : « Elle
regarde comme moi les Rochers du coin de l'œil, mourant d'envie d'aller s'y reposer ». Elle n'a toujours pas
de santé et « ne peut soutenir l'agitation du monde ».

Belle-mère et belle-fille sont l'une pour l'autre dans
les plus heureuses dispositions. En l'honneur de sa bru,
Madame de Sévigné entonne un couplet louangeur : « Je
l'ai trouvée fort vive, fort jolie, m'aimant beaucoup » et,
ce qui est mieux, ce qui touche Madame de Sévigné au
point sensible, « charmée de vous (c'est-à-dire de
Madame de Grignan) et de M. de Grignan »; montrant
même pour ce dernier « un goût qui fait rire », qui prête

à de nombreuses plaisanteries dont la belle Madelonne ne se peut offenser ni inquiéter : la jeune marquise ne connaît son beau-frère que par un portrait.

Bientôt le trio est installé aux Rochers. Depuis qu'il en est le maître, Sévigné y a fait des embellissements : dix allées dans les bois, un parterre, deux places nouvelles, un labyrinthe qui est fort joli. Malheureusement, il ne peut en jouir à son aise. Dans toutes les provinces, le Roi lève le ban et l'arrière-ban, il n'est question que de guerre. La noblesse des cantons, celle de Rennes et de Vitré, cinq ou six cents gentilshommes choisissent Sévigné pour les commander : « cela s'appelle colonel d'un régiment de noblesse ». C'est un grand honneur mais Sévigné le refuse car il envisage la « dépense effroyable ». On l'élit malgré lui.

Tandis qu'il s'éloigne « au désespoir », sa mère et sa femme goûtent, aux Rochers, « un parfait et profond repos, un calme, un silence !... » Leur vie coule « douce et si douce qu'elle pourroit paraître ennuyeuse, mais c'est à quoi il ne faut pas penser ». Pour sa belle-mère, Jeanne a des « soins infinis »; sans contrainte toutefois; aux Rochers, règne toujours une « sainte Liberté » que tempère néanmoins une manière de règle; on se lève à huit heures; très souvent, jusqu'à neuf heures que la messe sonne, Madame de Sévigné va jouir de la fraîcheur de ses bois, car c'est l'été. Après la messe, on se retrouve, « on se dit bonjour, on va cueillir des fleurs d'orange, on dîne, on lit, ou l'on travaille jusqu'à cinq heures ». Madame de Sévigné prend les

bandes de tapisserie qu'elle a accepté de faire pour son
amie, Madame de Kerman; sa belle-fille qui est adroite
s'occupe « à cent ouvrages divers ». Parfois, il vient un
voisin : « on parle de nouvelles ». Des lectures sont
faites en commun. Le lecteur infatigable, qui peut lire
cinq d'heures d'affilée sans demander grâce, est à Rennes
mais sa mère le remplace : « il faut épargner la petite
poitrine de sa femme ». Les livres choisis sont « très
agréables et fort bons. Il y en a de dévotion et les
autres d'histoire, cela amuse et occupe. Le livre fermé,
on raisonne sur ce qu'on a lu »... Parfois Madame de
Sévigné lit quelques passages des lettres qu'elle a
reçues. La jeune marquise, qui est un peu précieuse,
trouve jolies celles de Madame de Grignan et se fait
relire les récits qui l'ont frappée : « Elle aime tout cela »,
dit Madame de Sévigné qui ne manque pas d'en informer
sa fille. Le soleil baisse, la grande chaleur s'apaise.
Madame de Sévigné plie sa tapisserie ou range son
livre : sa gaillarde santé a besoin d'activité; elle se va
promener dans ses « aimables allées avec un laquais qui
la suit ». Sa belle-fille gagne son « beau parterre » où,
toujours dolente, elle demeure à rêver. Chacune agit
selon son goût et « s'accommode de son mieux d'être trois
ou quatre heures toute seule ». « Quand je suis avec
vous, ma fille », confesse Madame de Sévigné à Madame
de Grignan, « je ne vous quitte jamais qu'avec chagrin et
par considération pour vous; avec tout autre, c'est par
considération pour moi. »

Une cloche tinte qui annonce le souper. Madame de
Sévigné est loin; elle se hâte pour rejoindre sa belle-

fille. De ce qu'elles ont été séparées quelques heures, elles se retrouvent avec goût. Elles soupent pendant « l'entre chien et loup »; elles ressortent, se vont promener sur le parterre. A la *place Coulanges*, Sévigné a fait exécuter de grands travaux. Tous les arbres ont été abattus : « Je dis, tous! » Le parterre est sur le dessin de Le Nôtre. Ce n'est pas la vue « triomphante » de Grignan, mais les yeux ont où « se poser et se reposer ». Si l'on veut se distraire, il y a un écho. Un carreau de marbre indique où il faut se placer. Cet écho est très sonore : « petit rediseur mot à mot jusque dans l'oreille ». Le parterre est tout plein de jasmins et d'orangers; par ces nuits d'été ils embaument; on croit être en Provence!

Ainsi que sa belle-mère, Jeanne de Sévigné aime les fleurs et les arbres. Madame de Grignan laisse ses beaux orangers d'Avignon exposés à la bise et dit qu'elle ne s'en soucie pas. Quelle parole! Par l'intermédiaire de sa belle-mère, la jeune marquise demande leur vie. Que Madame de Grignan en ait soin ou les lui envoie. « Elle les mettra bien à couvert du mauvais temps. » Voilà une aimable femme. Nous la savions raisonnable. Il nous plaît de la trouver sensible.

Tandis que les jours coulent dans la « Thébaïde » que sont les Rochers, Sévigné est « toujours tristement et ruineusement à Rennes... tenant une grande table... ce dont il se passeroit fort bien car cela ne mène à rien ». Cet ancien viveur est devenu un bon mari. « S'il a eu des maîtresses avant son mariage il n'en a jamais été amoureux », sa mère le jure pour lui : « Il ne

connoît le véritable attachement du cœur que depuis
qu'il est marié, ce qui fait le bonheur de sa femme et le
sien ». Bussy peut prétendre que les « dieux d'hymen et
d'amour sont incompatibles », le « petit ménage » se rit
de l'impertinent, car si Sévigné « aime sa femme d'une
tendresse infinie… il est aimé de même façon ». Comme
elle est heureuse quand les de Chaulnes la prient, elle,
« Madame la Colonelle » de venir avec sa belle-mère à
Rennes ! Les jours alors passent trop vite : on n'a pas
un moment ; on soupe chez l'un ; on dîne chez l'autre ;
on joue à la bassette ; on va au bal ; on voit danser.
Certain danseur est fait à peindre : « Il a vingt ans ; il
a épousé à la hâte la fille d'un président à mortier de ce
pays parce que la première chose qu'elle fit après
l'avoir envisagé, ce fut d'être grosse de sorte qu'elle
fut mariée et accoucha six semaines après… Elle croit
que, pourvu que l'on voie son mari, on ne peut la
blâmer ; il est vrai qu'en le voyant danser il faut être de
l'avis de sa femme… Il dansa ces belles chacones, les
folies d'Espagne, mais surtout les passe-pieds avec sa
femme, d'une perfection, d'un agrément qui ne peut se
représenter ; point de pas réglés, rien qu'une cadence
juste, des fantaisies de figures, tantôt en branle comme
les autres, et puis à deux seulement comme des menuets,
tantôt en se reposant, tantôt ne mettant pas les pieds à
terre… Madame de Chaulnes, qui a bien dansé dans
son temps, en étoit hors d'elle et disoit n'avoir rien vu
qui ressemblât à cela. »

Toutefois, cette vie est pleine d'un « dérangement,
d'un bruit, d'un tracas qui importune ». On ne pourrait

la supporter, si l'on n'était soutenu par l'espérance de retrouver bientôt son repos jointe à l'assurance de le pouvoir quitter quand on voudra.

Le régiment de Sévigné a été dissous, mais, après un séjour aux Rochers, il a dû retourner à Rennes auprès du comte d'Estrées qui, en l'absence du duc de Chaulnes alors à Rome, pour un conclave, fait les fonctions de gouverneur. Sa « tourterelle » vient le rejoindre. Madame de Sévigné demeure seule. Peu lui importe. Quand « on a de la santé, des livres à choisir, de l'ouvrage et du beau temps, on va bien loin avec un peu de raison mêlée à tout cela ». A Rennes, les *États* battent leur plein.

Ce ne sont que magnificences, ce ne sont que festins ; à peine ose-t-on les énumérer de peur de donner une indigestion : « Le même jour, dîner chez M. de la Trémouille, souper chez le premier Président ; dîner chez M. de Pommereuil, souper chez M. de Rennes ; dîner chez M. de Coëtlogon, souper chez M. de Saint-Malo, ainsi tous les jours... » Subitement, au moment qu'elle y pense le moins, Madame de Sévigné voit revenir sa bru :

« Tout le monde me tourmentoit à Rennes, explique-t-elle, sur l'envie que j'avois de revenir aux Rochers ; mais, Madame, quand je les ai fait souvenir que c'étoit pour être auprès de vous, ils ont fort bien compris que j'avois raison. » Que son mari n'aille pas lui écrire que ce n'est pas pour sa belle-mère qu'elle est partie, mais parce que sa « délicate poitrine » l'empêche de prendre part à tous les plaisirs des *États* ! La gentille femme réplique aussitôt « qu'elle connaît la vie des États, que c'est uniquement pour être auprès Madame de Sévigné qu'elle est retournée aux Rochers, que si elle avoit la poitrine du meilleur porteur de chaise de Rennes, elle en auroit fait autant... » Tout cela si naturellement qu'il ne reste à sa belle-mère aucun scrupule de l'avoir avec soi.

Au bout de trois semaines, les *États* finis, Sévigné, à son tour, regagne ses terres. Quelle joie de revoir « maman mignonne », de reprendre son train ordinaire auprès d'elle, de l'amuser, de lui lire des histoires, d'avoir soin de sa santé. Madame de Sévigné commence à vieillir; elle est à ce point fatal « où l'on voudroit bien ne pas aller plus loin, ne point avancer dans le chemin laborieux des infirmités, des douleurs, des pertes de mémoire, des « défigurements ». Mais une voix dit : « Il faut marcher malgré vous ou bien si vous ne voulez pas, il faut mourir qui est une autre extrémité à quoi la nature répugne!... »

En dépit de ses amies qui la réclament à Paris, de Madame de La Fayette qui la menace de catarrhes et de fluxions et que son esprit deviendra triste et baissera et qu'elle s'ennuiera, si elle demeure plus longtemps absente, Madame de Sévigné s'installe pour hiverner. Puisqu'elle a tant fait de vouloir mettre ordre à ses affaires, elle est résolue à ne quitter la Bretagne que lorsqu'elle aura tout réglé. Pourquoi la plaindre et s'effrayer; pourquoi, ainsi que Madame de Grignan, se la représenter dans « un bois obscur et solitaire » avec un hibou sur la tête »? C'est avoir l'imagination tournée au sombre. L'hiver, aux Rochers, est « la plus douce chose du monde ». D'abord, les Rochers ne sont pas humides, quoi qu'en puisse dire Madame de Coulanges ; ils sont sur une hauteur ; c'est comme si l'on disait « votre humide Montmartre ! » Dès qu'il y a un rayon de soleil, ils en sont tout pénétrés, le terrain est sec ; à la place « Madame », le midi tombe à plomb... On est comme en été... Et quelles merveilles changeantes « le couchant fait au bout des grandes allées » !... Il semble que les feuilles ne soient tombées que pour que le soleil les éclaire mieux.

D'ailleurs, dès qu'on tient le mois de février et de mars et que le soleil « remonte du saut d'une puce », on est sauvé. Il arrive alors que les jours soient plus doux qu'au mois de mai « dont on est si souvent la dupe ».

Vers la mi-décembre, le « petit ménage » s'en va pour quelques jours : Sévigné chez une tante, sa femme à une visite pressée ; le voyage, pour elle, ne se fait pas sans incidents : son carrosse verse, elle se « cogne » la tête, deux de ses juments s'échappent et « courent long-temps comme fait la jeunesse quand elle a la bride sur le cou ». Enfin, l'une se trouve à Vitré dans une métairie, au grand étonnement des paysans de voir la nuit « cette petite créature tout échauffée, toute harnachée ». « Ces petits accidents sont bons pour faire sentir le bonheur d'en être sorti. » Jeanne de Sévigné en convient avec une douce philosophie. Après avoir eu deux jours la « tête fort étonnée », elle ne fait plus allusion à sa mésaventure que pour en plaisanter : « Je vous jure, ma chère sœur, écrit-elle à Madame de Grignan, que je ne quitterai plus Madame de Sévigné : je tombe, je culbute, je me casse la tête dès que je ne suis plus sous sa protection ; mais je suis bien plus sensible aux prospérités de mon joli *cousin* (son neveu qui venait d'être nommé colonel à 18 ans) qu'à mes petits malheurs. Je souhaite à Pauline des jours filés d'or et de soie, mais avec un autre que son amant de Rome[1]. »

Les voyages, il faut en convenir, ne réussissent pas à la jeune marquise dès qu'elle s'y hasarde seule. Quelques jours plus tard, au début de janvier, elle doit se rendre à Rennes, pour la prise d'habit d'une parente ; elle part sans plaisir disant qu'elle reviendra sous peu. Mais, cet hiver-là, le temps est « effroyable ». Il pleut, sans arrêt. Les rivières sont débordées. A Paris, rue de Seine, « tout l'hôtel de la Rochefoucauld est délogé, persécuté par l'eau... tout le bas-étage est un étang ». L'eau est jusque dans la rue de l'hôtel Carnavalet. Le froid s'installe avec son « train de neiges... et de vent terrible », la pauvre « tourterelle » est assiégée dans Rennes et elle en est au désespoir... Trois semaines passent, le temps reste épouvantable ; « alors elle perd patience, décide de retourner aux Rochers, se met en route, est « assez hardie pour passer une fort grande eau sur un cheval qui nagea plusieurs pas »... Elle arrive enfin, mais « elle est bien grondée, car, en somme, elle jouait à se noyer »... On ne fait pas de ces peurs à ceux qui vous aiment !

1. Allusion à la passion que le « petit Coulanges », alors à Rome, en ambassade, prétendait avoir pour Pauline de Grignan qu'il avait vue, en passant à Grignan.

Auprès de son mari et de sa belle-mère, elle reprend sa vie « toute médiocre, toute simple... » Volontiers, on recevrait souvent mais il faut faire des économies. L'argent est rare pour tous. « Chacun court pour attraper ses revenus... » « Je ne suis entouré, écrit Charles de Sévigné, que de gens que je puis faire mettre en prison, qui sont logés dans les lieux qui m'appartiennent, qui prient Dieu pour moi, à ce qu'ils disent, et qui m'assurent en même temps, que, pour de l'argent, je n'y dois pas compter. » Le trésor de la France est vide. Pour le remplir, le Roi donne l'exemple, « fait fondre toutes ses belles argenteries, la duchesse du Lude envoie la sienne ; Madame de Chaulnes, sa table et ses deux guéridons et sa belle toilette de vermeil ; Madame de Lavardin, la vaisselle d'argent qui lui a servi durant le temps de son ambassade à Rome. « Pour faire comme les autres » et se soumettre à l'édit, la jeune marquise de Sévigné porte « sa toilette à la Monnoie », mais elle en « est au désespoir » ! Quelle femme ne la comprendra.

Le repos, dans lequel on est, est si grand « qu'il vise à la léthargie » ; mais, Dieu merci, Jeanne de Sévigné s'entend à secouer les endormis. Quand elle va bien, elle est pleine d'enjouement. Ainsi que Pauline, sa nièce, elle a une « imagination qui va, qui brille et qui, pour divertir, fournit à tout ». Quelques amis ont été invités pour le Carnaval ; cinq ou six, tant hommes que femmes à qui l'on pense, comme distractions, offrir à jouer, à manger et, si le soleil se montre, à se promener un peu car on entend déjà « les fauvettes, les mésanges,

les roitelets et un petit commencement de bruit et d'air
du printemps », mais la jeune marquise veut que le
mardi-gras se passe plus gaiement. « C'est de son âge. »
Un moment avant le souper, elle sort de la chambre de
sa belle-mère où l'on jouait bien raisonnablement « et,
tout d'un coup, celui qui sert sur table entre déguisé
fort joliment et nous dit qu'on a servi. Nous passons
dans la salle que nous trouvons éclairée et ma belle-fille
toute masquée au milieu de tous ses gens et les nôtres
qui étoient aussi en mascarade ; ceux qui tenoient les
bassins pour laver, ceux qui donnoient les serviettes,
tous les officiers, tous les laquais : c'étoit une troupe de
plus de trente si plaisamment fagotés que, la surprise se
joignant au spectacle, ce fut un cri, un rire, une confusion qui réjouit fort notre souper, car nous ne savions
qui nous servoit, ni qui nous donnoit à boire. Après
souper, tout dansa ; il y eut des *sonnoux* ; on dansa tous
les passe-pieds, tous les menuets, toutes les courantes
de village, tous les jeux des *gars* du pays... » Ce jour-
là, Jeanne, qui d'habitude gagne sa chambre dès dix
heures, ne se retire qu'à minuit ; sûrement, pense-t-elle,
comme le chevalier de Grignan, que c'est « la plus belle
heure du jour. »

Mais, finis les « sonnoux » et leur branle ; l'on entre
en Carême. La « sobriété en est salutaire » ; sobriété
toute relative cependant. On ne mange point de viande
tous les jours, mais « on fait une bonne chère ». La mer
est proche « en sorte que le poisson ne manque pas ».
Toutes les semaines, arrive le fameux beurre de la Pré-
valaie dont on fait des « beurrées infinies ». Charles de

Sévigné y marque toujours toutes ses dents et, ce qui
fait plaisir à sa mère, « elle y marque encore toutes les
siennes »; le lait est délicieux et abondant : « c'est la
plus jolie chose du monde », surtout quand on le « tri-
pote » avec du café. Le dîner est substantiel; le souper
plus léger comporte « un potage avec un peu de beurre,
à la mode du pays, de bons pruneaux, de bons épi-
nards... » Est-ce là jeûner et ne faut-il pas dire plutôt
avec les hôtes des Rochers : « Qu'on a de peine à servir la sainte Église! »

Le printemps passe. Voilà le mois de juin. Madame
de Sévigné quitte les Rochers; sa fille la réclame à
Grignan : *Les autres* ont assez joui de sa mère, elle
la veut; c'est son tour. Sans passer par Paris, Madame
de Sévigné traverse toute la France et gagne la Provence. L'année suivante, son fils vient la retrouver. Il ne
semble pas que la jeune marquise l'accompagne. Sans
doute, pendant son « veuvage », va-t-elle s'installer à
Rennes, chez sa mère que, peut-être, elle conduit aux
eaux de Bourbon, ainsi qu'il en avait été question
quelques mois auparavant.

Elle-même a besoin de se soigner, sa santé devient
de plus en plus précaire. Quand son « *cousin* », c'est-à-
dire son neveu, le jeune marquis de Grignan se marie,
elle ne va pas au mariage.

Nous la retrouvons à l'automne; elle est aux
Rochers, aux « pauvres Rochers » où son mari l'a
rejointe; elle y goûte « une douceur et une tranquillité
exempte de tous devoirs et de toute fatigue qui la fait
respirer », mais sa délicatesse est extrême; Charles de

Sévigné est dévoré d'inquiétudes dont sa mère « a le cœur serré et les larmes aux yeux ». On parle de conduire la malade aux eaux de Bourbon, dès le printemps. En attendant « il faut la bien gouverner, la divertir, l'amuser, enfin la mettre dans du coton car elle est chère et précieuse[1] ».

Quel contraste avec la santé de Madame de Sévigné ! « Le temps qui fait tant de mal en passant sur la tête des autres » semble ne lui en faire aucun. Les incommodités d'autrefois, vapeurs et rhumatismes, ont disparu. Jamais elle ne s'est sentie si gaillarde. Non seulement elle avance dans la vie « doucement comme une tortue », mais elle est prête à croire « qu'elle va comme une écrevisse ». Trompeuses apparences ! Moins d'un an après cette lettre à son cousin Coulanges (26 avril 1695) elle n'existe plus.

Son fils et sa belle-fille résident encore quelques années en Bretagne. Ils n'ont pas d'enfant. La solitude, l'inaction de la campagne pèsent au mari. Déjà, du vivant de sa mère, il avait ambitionné d'être choisi pour député des États de Bretagne auprès du Roi ; en dépit des promesses du duc de Chaulnes de parler pour lui, il avait échoué. Alors « il meurt d'envie d'entrer dans le service ». Nous le trouvons à Nantes, devenu lieutenant du Roi. Il ne pense plus du tout à son salut ; il est fort occupé d'une dame qui « embellit » la ville ; il s'en cache si peu que sa femme ne doit pas l'ignorer. Pauvre « tourterelle » !

1. Au dos de cette lettre sont écrits ces mots de la main du marquis de Sévigné : « De ma mère, le 20 septembre 1695 ».

Ce n'était qu'un caprice. Le dernier. En 1703, le
« petit ménage », devenu un « vieux ménage », quitte la
Bretagne.

Les deux époux viennent s'établir à Paris, faubourg
Saint-Jacques, dans une maison située en face du sémi-
naire de Saint-Magloire et qui se trouve avoir été celle
de la grand'mère de Madame de Coulanges. Le quartier est excentrique : presque la campagne. La maison
est laide. Le jardin, il est vrai, « ne laisse pas d'être
grand », mais est triste, « par la hauteur des murailles ».
« C'est la retraite d'une dévote qui veut changer de vie
et d'amis », déclarent les Coulanges. Que dit Charles
de Sévigné de la décision de sa femme?... « Sans sa
docilité, ce seroit un homme perdu ; mais aussi, sans sa
docilité n'iroit-il point habiter le faubourg Saint-
Jacques. »

La santé de Jeanne de Sévigné est devenue meilleure.
Sont-ce les remèdes des Capucins qui l'ont fortifiée ;
n'est-ce pas plutôt l'air des Rochers dont il faut bien
dire « qu'il est parfaitement bon, ni haut, ni bas, ni
approchant de la mer... »

La vie qu'elle mène, qu'elle a choisie, à laquelle peu
à peu elle a conduit son mari, est d'accord avec ses
goûts. Vie retirée, « vie indifférente aux nouvelles du
monde, peu sensible à tout ce qui se passe » et remplie
par bien des prières, bien des lectures ».Point de visiteurs, hormis quelques personnes qui sont tout occupées
de l'éternité : Massillon, alors dans tout son éclat, le
père Gaffarel, Mademoiselle de Grignan, qui, jadis,
était entrée au Carmel, n'avait pu y rester à cause de

sa santé, mais qu'en raison de sa piété on appelle
« sainte Grignan »...

Jeanne de Sévigné et son mari, « dont le premier
métier à présent est d'être dévot », vieillissent doucement. Le silence se fait sur eux. Ils ont pris la bonne
part : « Les dévots sont plus heureux que les autres...
En vérité, ce n'est pas eux qui ont tort[1] ».

Charles de Sévigné meurt en 1713 et est, sur sa
demande, enseveli dans l'église Saint-Jacques du Haut-
Pas : « Il avait naturellement de l'esprit », écrivait de
lui, naguère, son cousin Bussy. La retraite lui a permis d'acquérir d'agréables connaissances. Dix ans plus
tôt, il étoit bon à voir quelquefois; il était devenu
« bon à l'user, c'est-à-dire, à tous les jours... »

Il ne laissait comme héritière que sa nièce Pauline,
mariée au marquis de Simiane. Peu après les avoir
reçus, M. de Simiane vendit les « pauvres Rochers »
et leurs dépendances à M. des Nétumières et à Madame de Cornullier, son épouse, pour la somme de
106 000 livres.

Nous ne savons plus rien, désormais, de la marquise
Jeanne de Sévigné, plus rien de ses rapports avec sa
belle-famille, sauf que sa nièce, la marquise de Simiane,
lui paye comme douaire et jusqu'à sa mort, survenue
en 1733, aux Feuillantines du faubourg Saint-Jacques,
la somme annuelle de 5700 livres[2].

---

1. Lettre de Madame de Coulanges à Madame de Grignan.

2. Lors de son mariage, Charles de Sévigné avait emprunté d'une
tante de sa femme, la baronne Hay de Tisé, une assez forte somme
qu'il n'avait point encore remboursée, à sa mort. En payement de cette

dette Jean-Paul Hay des Nétumières, fils de la baronne Hay de Tisé,
reçut les Rochers. Ce transfert eut lieu en 1715. Le livre de raison de
Madame de Simiane, retrouvé chez un bouquiniste, donne quelques détails
sur l'acte qui fut alors passé :

BRETAGNE.

Par contract du 4ᵉ Aoust 1715, Receu par Cheure et Louis Durand,
nottaires à Paris, dont la minute est demeurée au pouvoir dudit Durand
et dont j'ay l'extrait en parchemin, feu M. le Marquis de Simiane, mon
mary, a vendu la terre des Rochers et ses dépendances à M. des Nétumières et Madame de Cornullier, son épouse, pour le prix de 106.000 ᴸ
dont il reste encore deu par les acquéreurs 65.000 ᴸ portant trois mille
deux cent cinquante livres d'intérest.

Cette somme de 65.000 ᴸ est payable après le décès de Madame la
Marquise de Sévigny, sçavoir 20.000 ᴸ un an après, autres 20.000 ᴸ un
an après et les 25.000 ᴸ restantes un an après. Le segon terme, c'est-à-
dire le tout dans trois ans avec intérest payables par quartier, sans que
les acquéreurs puissent se libérer pendant la vie de ladite dame de
Sévigny.

Sur le feuillet suivant :

DÉLÉGATION DES BIENS DE BRETAGNE.

Je paye à Madame la Marquise de Sévigny pour son douaire
5.700 ᴸ par an. Cy.   5.700 ᴸ

CHAPITRE X

LA « BONNE COUVÉE » DES GRIGNAN[1]

I. — UN JEUNE SEIGNEUR AU XVIIe SIÈCLE.

Quand on porte un nom dont on est glorieux, il est naturel de désirer un héritier.

De sa première femme, Angélique Clarisse d'Angennes, le comte de Grignan n'a eu que deux filles. Sa seconde femme, Marie-Angélique du Puy du Fou meurt dans l'année même de son mariage et le petit enfant dont elle est accouchée ne vit que quelques jours.

Est-ce Marguerite de Sévigné qui va, enfin, donner au comte le fils tant souhaité, celui qui continuera l'illustre lignée des Grignan? Après un accident, la comtesse accouche d'un enfant viable; mais c'est une fille, Marie-Blanche, qui naît le 15 novembre 1670. Bientôt, cependant, on se reprend à espérer. La belle Madelonne est enceinte à nouveau.

---

1. C'est le terme dont se servait Bussy, en parlant des enfants de Madame de Grignan.

Elle l'annonce à sa mère. Cette fois, ce sera un garçon : elle le promet, elle en est sûre. Madame de Sévigné ne demande qu'à le croire. Toutefois, pour ne rien négliger, elle fait dire des messes. A tout prix, il faut obtenir un « dauphin ».

Mais, voilà que la grossesse qui s'annonçait bien, — tout au plus un petit vomissement, le matin, — donne des inquiétudes : Madame de Grignan souffre dans la hanche. Mauvais indice : « son petit garçon seroit-il devenu fille? ». « Qu'elle ne s'embarrasse pas pour si peu », dit plaisamment sa mère. Si cela est, on en agira comme avec le petit Moïse : « on l'exposera, sur le Rhône, dans un petit panier de jonc et puis elle abordera dans quelque royaume, où sa beauté sera le sujet d'un roman ».

En attendant, que la comtesse se souvienne qu'il faut de la prudence, de la sagesse, spécialement dans le septième mois : « On porte quelquefois les filles heureusement et les garçons ont des fantaisies de venir plus tôt, en prenant le chemin, au sept ». Mais, par un fait exprès, comme si elle était victime d'un maléfice, les émotions ne sont pas épargnées à la jeune femme. Deux fois, et presque coup sur coup, le feu prend au château de Grignan. La peur que Madame de Grignan en a l'oblige à garder le lit, on fait venir un médecin et elle « n'ose plus remuer ni pied, ni patte ».

Madame de Sévigné est alors aux Rochers. La distance est grande de Bretagne à « Provence ». « Si l'on avoit quelque chose sur le cœur dont on attendait du soulagement, on auroit un beau plaisir pour se pendre ».

La pauvre mère souffre « des tourments, des alarmes qui renversent entièrement sa santé, qui la mettent au désespoir! »

Pour comble, à peine remise de sa frayeur, la comtesse doit quitter son château, où « elle étoit en bonne compagnie... avec une belle vue, un bel air », pour aller à Lambesc, une « petite ville étouffée » où il y aura peut-être des maladies, la petite vérole, la peste, mais où se tiennent, cette-année là, les États de la province.

La jeune femme est grosse, « jusqu'au menton ». C'est une grosseur excessive et qui donne de « cruelles incommodités ». Ah! qu'elle se soigne, qu'elle se ménage, qu'elle se méfie surtout du chocolat. Il produit à Madame de Grignan des effets *miraculeux*; mais ces merveilles ne cachent-elles point quelque embrasement? n'a-t-elle point peur de se brûler le sang? son abus produit des résultats qui épouvantent; on conte à son sujet d'étranges histoires :

« La marquise de Coëtlogon prit tant de chocolat, étant grosse, l'année passée, qu'elle accoucha d'un petit garçon noir comme un diable, qui mourut ».

Madame de Grignan approchant de son terme, sa mère multiplie les recommandations de toute nature : que la belle Madelonne fasse venir, de bonne heure, une sage-femme, pour s'y accoutumer un peu et s'épargner le chagrin et l'impatience que donne un visage entièrement inconnu; que ses femmes la secourent, en cette occasion; déjà, elles ont assisté à la naissance du premier enfant et, puisque Madame de Grignan est résolue de ne point bouger de Lambesc, de ne point aller à Aix, où il y a la petite vérole, de ne pas retourner dans la magnifique solitude de Grignan, « où elle seroit comme Psyché sur sa montagne », qu'elle s'inquiète d'un chirurgien. Y en a-t-il un bon dans la petite ville? N'est-il point trop jeune? Les jeunes gens n'ont guère d'expérience ; « ils saignent sans discernement et retenue ».

Craintes superflues. Tout est bien : le médecin a soixante-quatre ans. Il est plein de sagesse et le prouvera.

Le 29ᵉ de novembre (1671), un « bienheureux paquet » arrive aux Rochers. Ce n'est point la comtesse qui en a mis l'adresse, mais son mari. Madame de Sévigné qui reconnaît l'écriture de son gendre ouvre la lettre « avec un tremblement extraordinaire ». Tout de suite, elle trouve ce qu'elle souhaitait le plus vivement au monde : sa fille a un garçon!

« Que pensez-vous qu'on fait dans ces excès de joie? » C'est une chose étrange! « Le cœur se serre et l'on pleure sans pouvoir s'en empêcher », mais ce sont des larmes qu'on ne peut comparer à rien « pas même aux joies les plus brillantes! » La « jolie chose d'accoucher d'un garçon, le joli présent à faire à un mari!... La jolie idée de le faire nommer par la Provence[1]! »

Autour de la grand'mère, tout est transporté de joie : le bon abbé, La Mousse, les gens du pays, les gens de service! Pilois, le brave Pilois, jardinier des Rochers, arrive la pelle sur le dos :

---

1. L'enfant fut nommé Louis-Provence.

« Madame, je viens me réjouir, pas moins, parce qu'on m'a dit que Madame la comtesse étoit accouchée d'un petit gars ».

Les compliments arrivent sans nombre et sans mesure, du côté de Paris, par mille lettres, et du côté de la Bretagne... « On boit la santé du petit bambin à plus d'une lieue autour des Rochers » et Madame de Sévigné, qui ne cesse de remercier Dieu, « donne de quoi boire et donne à souper à ses gens, ni plus ni moins que la veille des Rois ».

Les « paquets » suivants apportent des détails sur l'enfant. L'orgueil de Mme de Grignan d'avoir un fils éclate à chaque trait :

Ah! qu'il est joli! Premièrement il est blond : c'est ce qui charme, car sa mère aime fort les blondins; sa peau est blanche; il a de grands yeux; sa bouche est petite... Pour son nez, il donne bien des sujets de craindre et d'espérer; si celui de sa mère est parfait, celui de son père fait trembler; mais, « il y a bien des nez entre les deux »; il peut choisir!

Que vient-on dire que Madame de Grignan a le cœur sec! Oui, elle a été une fille dont la froideur et l'ingratitude révoltent; elle a été, pour la petite Marie-Blanche et Pauline, une mère indifférente et dure; mais son fils, elle l'a aimé follement non point tant, peut-être, pour lui-même que par ce qu'il représente : il est l'aîné, il continue la race.

« Cette petite créature a fait ce miracle de faire sentir à sa mère ce que c'est que l'amour maternel ». Par lui, elle connaît, présentement, « les craintes. les inquiétudes, les prévoyances, les, tendresses qui mettent le cœur en presse et jettent le trouble sur toute la vie ».

Ces inquiétudes sont souvent exagérées et oiseuses. A sa naissance « l'enfant est trois heures sans pisser! » Voilà sa mère épouvantée. M. de Grignan fait fort bien d'être jaloux. « Est-ce qu'on aime comme cela? Sa femme le quitte, dit-il, pour le premier venu. » Sur quoi, Madame de Sévigné le reprend, en riant : « C'est pour le dernier venu » qu'il faut dire.

A parler vrai, le petit marquis[1] est chétif : « Donnez-le bien à Dieu, supplie la grand'mère, afin qu'il vous le conserve ». Les maladies s'abattent sur lui. A trois semaines, il attrape la petite vérole. C'est la chose du monde la plus extraordinaire! Mme de Sévigné retournée à Paris, épouse les angoisses de sa fille. Elle mande Pecquet, et, dans ce qu'il dit, veut trouver des raisons de reprendre espoir :

« Pecquet a été épouvanté de savoir la petite vérole à un aussi petit enfant mais il admire sa force d'avoir pu chasser ce venin et croit qu'il vivra cent ans, après avoir si bien commencé. »

Ce n'est plus seulement « Louis-Provence » mais le fortuné Louis-Provence, « sur qui tous les astrologues disent que les Fées ont soufflé! » Cependant, que de dangers l'environnent! Des épidémies courent la province; il y a la peste : « C'est un mal à nul autre semblable, dont votre soleil saura mal garantir ceux qu'il

---

1. Dans son livre, *Le Marquis de Grignan*, Fréd. Masson dit avoir cherché vainement quel marquisat le comte de Grignan pouvait posséder en 1671.

éclaire », déclare Madame de Sévigné qui, animée, dirait-on, d'un pressentiment funeste, écrit, une autre fois :

« Vous me parlez de votre *Dauphin*. Je vous plains de l'aimer si tendrement ; vous aurez beaucoup de douleurs et de chagrins à essuyer. »

*
* *

Quelques mois passent ; l'enfant dont « la beauté diminue » marque, en revanche, un mérite « croissant » et bien précoce, puisqu'il n'a pas encore un an. Le *mérite* de ce « joli maillot » consiste à aimer le vin !... « Voilà un petit brin de Bretagne et de Bourgogne qui fera un bel effet avec la sagesse des Grignan ! »

De la sagesse, en effet, le petit en a et de la tranquillité à faire voir que « toutes les règles de la physionomie sont fausses. » Au reste, la grand'mère va pouvoir juger par elle-même des merveilles de cet être adoré. Le 12 juillet 1672, elle part de Paris et va passer en Provence plus d'une année.

Puis, en 1674, c'est Madame de Grignan qui vient à Paris et y demeure jusqu'à la fin de mai 1675. Pendant ce temps, nous ne savons que peu de chose du *pichon* qui était resté en Provence ; mais, à peine sa mère de retour, les détails reprennent.

Le petit marquis qui a, alors, près de quatre ans, est toujours délicat. Cette délicatesse fait qu'on le soigne extrêmement, avec excès : « A force de l'hono-

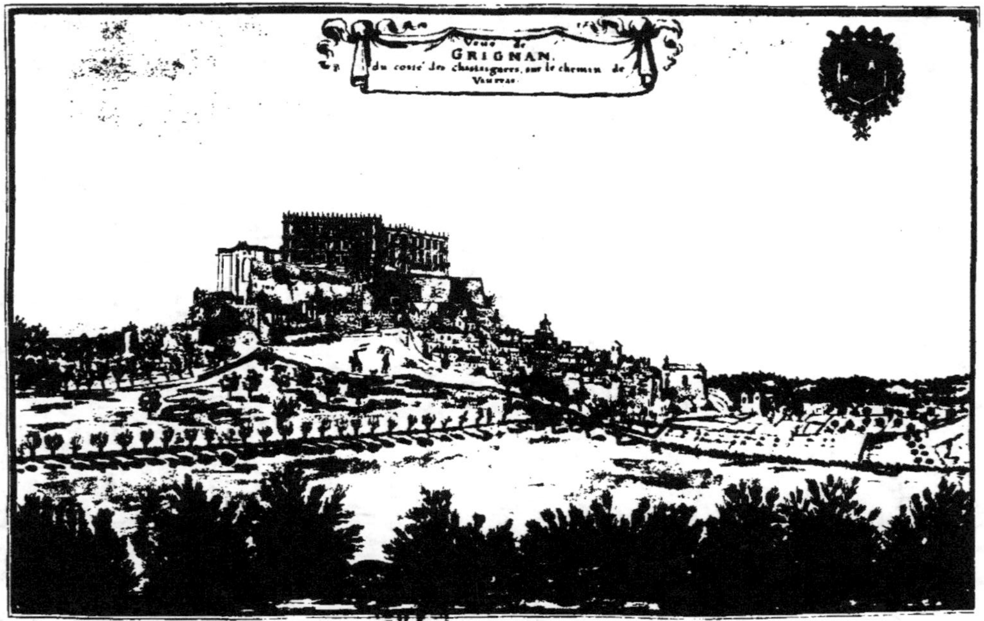

LE CHATEAU DE GRIGNAN A LA FIN DU XVIIe SIÈCLE.

(Cabinet des Estampes, Paris.)

PL. IV.

Madame de Sévigné.

rer, comme on fait des enfants du Roi », on augmente
sa fragilité.

Il tombe malade ; on le saigne. « Cela va lui donner
bien de l'agitation... » « De mon temps, écrit la grand'-
mère, on ne savoit ce que c'étoit que de saigner un
enfant ! » Qu'on lui fasse donc prendre « tout simplement de la poudre à vers. » Parce que les chaleurs l'in-
commodent, on veut lui raser la tête. Y pense-t-on
sérieusement ? C'est le moyen « d'ébranler son petit cerveau, de lui faire avoir des fluxions, des maux d'yeux,
des petites dents noires. »

Enfin, il se rétablit ; mais autres inquiétudes : ne
va-t-il pas être boiteux ? « Ce seroit une belle chose qu'il
y eût un Grignan qui n'eût pas la taille belle ! »

Que faire ? Madame de Sévigné donne des conseils :
« Il faut lui mettre un petit corps un peu dur qui lui
tienne la taille ; il faut qu'il agisse, qu'il se dénoue ;
qu'on lui donne des chausses pour voir plus clair à ses
jambes ».

Quant à lui appliquer des cautères dans le dos,
comme certains le voudraient, « c'est un remède un peu
dur ». Le « corps » piqué de cordelettes que sa grand'-
mère envoie de Paris, suffira. Si cela n'est point, « on
suspendra l'enfant au mur, tous les matins ».

Ces craintes, heureusement, ne sont qu'exagération
d'un amour trop prompt à s'alarmer. Le marquis
deviendra « un fort joli petit garçon ! »

Si, seulement, il n'était pas timide ! Mais il l'est
d'une manière ridicule et sa mère s'en irrite. De qui
a-t-il hérité cette fâcheuse disposition ? De sa grand'-

mère? « Il me semble que vous m'en faites la mine ;
mais cette humeur lui passera et l'on ne sera point
obligé de le mettre pour cela dans un froc ». Et de
citer des exemples! celui du marquis de Villeroi. On le
surnomme, à présent, *le Charmant*. « Pourtant, il a
tremblé jusqu'à dix ou douze ans. » Et La Troche! « Il
avoit si grand'peur de toutes choses que sa mère ne
vouloit plus le voir. » Les enfants timides font d'honnêtes gens, de braves gens : « En croissant, au lieu de
craindre les loups-garous, ils craignent le blâme, ils
craignent de n'être pas estimés autant que les autres et
c'est assez pour les rendre braves et pour les faire
tuer mille fois ».

Aussi bien, très différente sur ce point de la plupart
des femmes de qualité de son temps, et l'on doit l'en
louer, Madame de Grignan s'occupe elle-même de ses
enfants, spécialement de son fils. S'il faut en croire
Madame de Sévigné toujours prête à admirer sa fille,
les résultats de ces soins ne se font pas attendre. L'en-
fant-marquis redevient aimable. Parfois, entre deux
phrases, sa grand'mère glisse un conseil :

« Vous lui faites un bien extrême de vous amuser à
sa petite raison naissante; cette application à la culti-
ver vous vaudra beaucoup. Je vous prie de lui pardonner tout ce qu'il avouera naïvement; mais jamais une
menterie. »

Pour sa timidité : « si vous le tracassez, vous le
déconcerterez au point qu'il n'en reviendra jamais, cela
est d'une grande conséquence : il faut donner du courage et observer de ne point le rabaisser ».

*
* *

De bonne heure, Madame de Grignan veille sérieusement à l'instruction de son fils. Il était encore au maillot qu'on le pourvoyait d'un gouverneur allemand. Si étonnant que cela puisse paraître, l'allemand était alors à la mode; le bon ton était de l'apprendre. N'est-ce pas de l'autre côté du Rhin que le Roi avait choisi sa belle-fille et sa belle-sœur?

Mais, au bout de peu de temps, Madame de Grignan découvre que le gouverneur n'est pas du tout allemand : il est suisse et parle comme un Suisse. On le congédie et Madame de Sévigné se met en campagne pour trouver un remplaçant. On lui en signale un, « beau comme un ange, et doux, et honnête comme une pucelle. »

Quant à son allemand, on peut être tranquille; il va converser chez M. de Strasbourg. Comment s'appelle ce prodige? Vraisemblablement : Otterman ou Osterman, mais nous ne le saurons jamais. Madame de Sévigné fait, là-dessus, des « pointilleries » : « Je vous défie de deviner son nom ; quoique vous puissiez dire, je vous dirai toujours : C'est *autrement;* c'est qu'il s'appelle *Autrement.* »

Le petit marquis n'a pas six ans qu'« il paroît déjà un fort honnête homme ». A-t-il l'esprit prompt et délié? Il ne le semble pas, si l'on en juge par cette phrase de la marquise qui ressemble assez bien à une consolation :

« J'aimerois mieux son bon sens, sa droite raison, que toute la vivacité de ceux qu'on admire à cet âge et qui sont des sots à vingt ans. Soyez contente du vôtre, ma fille, et menez-le doucement comme un cheval qui a la bouche délicate et souvenez-vous de ce que je vous ai dit de sa timidité : ce conseil vient de gens plus habiles que moi mais l'on sent qu'il est fort bon. »

Quoique le marquis soit un petit garçon très sage, très calme, très posé, très réfléchi, on ne peut le laisser uniquement avec son gouverneur allemand ou avec les valets : « il risque de se gâter, son esprit va se perdre ».

Jusqu'ici, on lui a surtout appris à danser ; on a eu raison, mais il faudrait un précepteur qui l'instruisît ; il conviendrait aussi de lui apprendre l'usage des armes afin d'en faire « un vrai petit soldat ». Sa grand'mère y songe en passant par La Palisse pour aller à Vichy :

« J'y vis un petit garçon que je trouvois joli ; il a sept ans ; je suis sûre qu'il ressemble au vôtre ; j'en jurerois ; son père qui est un gentilhomme de M. de Saint-Géran lui a appris à faire l'exercice du mousquet et de la pique : c'est la plus jolie chose du monde ; vous aimeriez ce petit enfant : cela lui dénoue le corps. Il est délibéré, adroit, résolu... »

Le conseil est suivi ; peu après, évidemment à une question de sa fille, Madame de Sévigné répond :

« Il faut que le mousquet et la pique du petit marquis soient proportionnés à sa taille. »

Quant au précepteur, on n'a pas aisé d'en trouver. L'isolement du château de Grignan effraye ceux à qui on offre la place. Après avoir écrit de tous côtés, avoir attendu des semaines et des mois, Madame de Grignan finit par en arrêter un; « mais il a les écrouelles ». Tant de peines pour un tel résultat! « Cela prête à rire. » Sans doute; mais cela est épouvantable.

Aussi bien, Madame de Grignan va pouvoir recommencer ses recherches avec l'espoir d'un résultat plus heureux, puisqu'elle vient à Paris. En effet, sans qu'on puisse dire au juste à quelle date, l'on trouve, vers cette époque, installé à Grignan, auprès du marquis, M. du Plessis, ancien oratorien.

Jeune et aimable, « propre à la société », — il dit, par exemple, que la tristesse est incompatible avec la santé, — M. du Plessis mérite l'amitié et l'estime que Madame de Sévigné et Madame de Grignan lui accordent. Parfait honnête homme[1], attentif aux devoirs de sa charge, il est scrupuleux et attaché à faire si exactement ce qu'on lui commande que, bientôt, on le surnomme « M. du Pied de la Lettre ».

*
* *

Les années d'études d'un petit garçon de qualité sont sans histoire. Comme la plupart des enfants de son âge, le fils du comte de Grignan mène une vie sagement réglée. Il fait ses devoirs, apprend ses leçons, a ses amusements : le mail. Parfois, car il est demeuré déli-

---

1. « L'honnête homme, disait Bussy, est un homme poli et qui sait vivre. »

cat, il tombe malade. Certaine rougeole bouleverse sa mère, prompte à s'alarmer. Quand il s'agit de son fils, elle devient « d'un caractère à pousser toujours ses pensées au-delà de la vérité ».

Après cette maladie, l'enfant reste longtemps avec une toux qui inquiète ; on lui fait prendre force lait d'ânesse ; il guérit. A Aix, on commence à le produire. Habillé de satin, une petite épée à poignée de nacre au côté, le chapeau sous le bras, on le voit fort joliment, dans les bals, « tenant sa porte[1] fermée et dansant comme Favier, regardant son pied, faisant les petits sauts, relevant la tête, jetant le coin de sa perruque, enfin marchant sur les pas de son maître ».

Sa timidité est envolée. Il est hardi quand il le faut et sa grand'mère prophétise : « Je vous assure que ce petit homme fera une figure considérable : il me semble que je le vois dans l'avenir ».

*
* *

Aussi bien, le mérite du jeune marquis va pouvoir se manifester à Paris. En décembre 1680, Madame de Grignan y vient avec ses enfants. Tantôt à Carnavalet, tantôt à Livry, elle reste quatre années auprès de sa mère. Durant ce temps, les études du marquis se poursuivent. L'adolescent est devenu « un fort joli rhétoricien », que sa grand'mère baise et défie, « malgré sa rhé-

1. Sa bouche.

torique, de persuader qu'elle ne l'aime pas fort tendrement ».

Événement sensationnel dans la vie de ce jeune seigneur, on le produit à la cour. Au moment du carnaval
de 1685, une mascarade d'enfants[1] a lieu.

Tous sont costumés et sont divers. On remarque un
vinaigrier parce qu'il roule fort mal sa brouette. Le
« petit homme », lui, est en Indien et comme « il danse
juste, qu'il lève la tête, qu'il est hardi autant et pas plus
qu'il convient, on veut voir sa « petite personne »; on
le montre au roi : « il est bien regardé, sa figure plaît »;
elle a « quelque chose de piquant et d'agréable ».

Madame de La Fayette et son fils « en écrivent des
merveilles ». Enfin, c'est un grand hiver pour lui et plein
de conséquences. Madame de Grignan doit s'applaudir
de la façon dont elle a conduit l'éducation de son fils :
avec une mère ordinaire, « il eût été renfermé dans sa
chambre », car il n'a que treize ans »; au lieu de cela,
« le voilà en passe de faire sa fortune et son établissement ». C'est bien vers cet établissement que l'esprit
de Madame de Grignan est constamment tendu. Il faut
que son fils obtienne la survivance de la lieutenance
générale de Provence.

Dans ce but, elle le pousse. Pour lui, rien de trop
beau. Quoique l'on soit à court d'argent, aucune
dépense ne coûte. Sans cesse on renouvelle sa garde-
robe.

---

1. D'abord supprimée à cause de la mort du Roi d'Angleterre
(16 février), la mascarade eut lieu quelques jours plus tard, le Roi ayant
consenti à l'autoriser.

De Provence, où il est demeuré, le comte gronde et mande à sa femme : « Vous croyez que jamais votre fils n'a assez d'habits ». La réponse de la comtesse est celle de toutes les femmes en semblable matière : « Je ne lui fais rien faire que de nécessaire » et, parce qu'il est question d'un bal où le marquis est prié, elle ajoute : « Il est joli, d'un bon air, dansant bien. Jamais il ne sera plus propre à paraître, à donner une jolie idée de lui. Je serois donc fort aise de le produire avec un habit digne de lui... » Il n'en coûtera que sept aunes et, en s'y prenant adroitement, on pourra peut-être amener l'un des oncles, M. de Carcassonne, à faire présent de l'étoffe.

Mais fini de danser, de songer à se divertir. Un bruit court qui épouvante, un bruit de guerre. Les gens perspicaces jugent qu' « il y a bien des nuages amassés ». Les indices sont inquiétants. On dit la flotte du Prince d'Orange toute prête à mettre à la voile, à voguer sur l'Angleterre. En France, le Roi fait garder les côtes de la Manche ; les gouverneurs de Bretagne et de Normandie sont rappelés dans leur gouvernement.

Le jeune marquis va avoir dix-sept ans : « C'est le bel âge pour se battre ». Qui dit cela ? Madame de Grignan. Elle feint de plaisanter, mais elle tremble. Elle voudrait son fils « plus jeune pour ne pas être exposé », ou plus vieux « pour soutenir les fatigues » de la vie des camps.

Vaines paroles. Elle doit subir son sort. Le marquis suit comme volontaire Monseigneur le Dauphin qui est à la tête des troupes, car c'est une tradition, établie

par le Roi lui-même, que le souverain ou les princes
et, par conséquent, les grands, devront, quand il le faut,
se montrer au milieu des soldats pour les animer.

« J'ai cru, dit Louis XIV dans ses *Mémoires*,
qu'il n'y avait que mon exemple, mes officiers et ma
noblesse qui puissent inspirer à mon armée une vail-
lance extraordinaire. »

Pour Madame de Grignan l'épreuve est particulièrement cruelle. Au lieu de rester à Paris, où elle serait
à même d'avoir des nouvelles à tout moment, il faut
qu'elle parte avec son mari pour aller en Provence. Il
faut que, « quinze jours durant, elle tourne le dos et ne
fasse pas un pas qui ne l'éloigne de son fils »… « Hélas !
C'est pour mourir ! »

Tout ce qu'elle sait, c'est que le marquis a franchi
le Rhin, qu'il est arrivé devant Philisbourg, juste pour
l'ouverture de la tranchée. Que de nuits passées à
Grignan, dans l'angoisse, « à se creuser les yeux et
l'esprit, à se ronger, à se trouver toute seule, tête à
tête avec un *dragon* qui vous mange le cœur, frémissant
de tout et croyant que tout ce qui est possible arrivera ».

De Paris, où elle souffre doublement puisque, à ses
angoisses propres, s'ajoutent celles de sa fille, Madame
de Sévigné prodigue les paroles rassurantes, énumère
les motifs d'espérer : le marquis n'est point fatigué ;
il est en bonne santé ; on a, pour lui, les plus grands
soins : « Les tranchées sont si bien faites et si sûres
qu'il y a toute apparence que tout ira selon nos désirs ».
Les volontaires sont là un peu comme à un spectacle.
Ils ne donneront pas l'assaut. « Ces jeunes gens, c'est

un vin qui bouillonne trop fort » et Vauban qui a des
précautions infinies pour conserver tout le monde « leur
défend de suivre ceux qui sortent des tranchées ; ils
ne doivent pas quitter les régiments où ils sont attachés
sous peine de prison ». « Tout ira bien... Philisbourg
ne tiendra pas longtemps... Mais, au nom de Dieu,
conservez-vous !... L'excès de l'inquiétude est inutile et
dangereux... Ayez du courage... Surtout, ayez du courage... Souffrez ce qu'il plaît à Dieu !... Ne seriez-vous
pas au désespoir qu'il (le jeune marquis) fût seul de son
âge qui n'eût pas été à cette occasion et que tous les
autres fissent les entendus ! »

Mœurs du temps qui nous étonnent, le marquis n'est
pas parti seul. Son précepteur, le sage M. du Plessis
l'accompagne. L'excellent homme n'a rien d'un guerrier ;
les détails de son costume font connaître qui il est : il
porte une cravate noire ; une ganse de même couleur,
une *audace* relève les bords de son chapeau. Entre mille
bonnes qualités, ce précepteur a du tact et de l'esprit.
Quand certaines parties deviennent « trop gaillardes »,
sans jouer au *Caton*, ni se faire haïr, il se retire discrè-
tement : « Je vois bien, dit-il, qu'un gouverneur n'a que
faire ici ».

En dépit des prévisions, le siège se prolonge. Le
marquis a l'occasion de faire des « merveilles ». C'est la
grand'mère qui parle à la mère. Ces « merveilles »
quelles sont-elles ? Il voit et entend les coups de canon
autour de lui sans émotion, il a monté deux fois à la
tranchée ; il a porté des fascines ; il s'est amusé à poin-
ter deux pièces de canon comme s'il eût tiré au blanc,

à Livry, et le chevalier de Grignan, son oncle, colonel du régiment de Grignan, lui mande amicalement : « Vous n'êtes plus un petit garçon ; vous n'êtes plus mon neveu ; vous êtes mon camarade ».

Ne sourions pas. Songeons que ce jeune seigneur « sort de dessous l'aile de sa mère qui est encore dans les craintes qu'il ne soit enrhumé » et que l'année précédente, à la même époque, ses seuls chagrins, ses seuls émois, étaient de manquer un levraut ou une perdrix, à la chasse.

Entre temps, le jeune marquis se pousse parmi les puissants : « il a souvent l'honneur de manger avec Monseigneur qui lui parle et, lorsqu'il se déshabille, lui fait, par distinction, donner le bougeoir ». Par sa bonne contenance dans le péril et par sa conduite gaie et sage, il continue de plaire à tous, dit la grand'-mère.

On arrive à la fin d'octobre. Le siège de Philisbourg sera bientôt fini, répète Madame de Sévigné qui le croit parce qu'elle le désire : « Le temps, qui est horrible, dérange un peu les desseins du Prince d'Orange, mais ceux qui sont à l'arrière et tremblent pour les combattants en sont ravis ». Tendre réflexion d'une aïeule. Seul, le chevalier de Grignan est au désespoir que son neveu n'ait point d'occasion de se distinguer.

Celle-ci se produira ; mais, auparavant, pour la comtesse, que de jours et de nuits où elle est encore à la merci de son imagination, « la plus cruelle et la plus dévorante compagnie », jusqu'au moment où éclate le cri triomphant de l'aïeule :

« Philisbourg est pris ! Votre enfant se porte bien. »

.˙.

La grande nouvelle est connue le jour de la Toussaint. La Cour était à Fontainebleau. L'après-dînée, le Roi assistait au sermon. Un courrier arrive. Le Roi fait signe. Le Père Gaillard qui était en chaire se tait. Le Roi lit tout haut la lettre par laquelle Monseigneur le Dauphin lui donne avis que, « le 29 du mois dernier, les assiégés de Philisbourg avaient battu la chamade » ; puis sa Majesté se jette à genoux pour remercier Dieu et le Père Gaillard reprend son sermon « avec tant de prospérité, que mêlant sur la fin, Philisbourg, Monseigneur, le bonheur du Roi et les grâces de Dieu sur sa personne et sur tous ses desseins, il fit de tout cela une si bonne sauce que tout le monde pleuroit ».

A la Cour, à la ville « tout est à la joie, tout est transporté ». On dit qu'il ne sera pas question d'un autre siège. Madame de Grignan peut dormir sans inquiétude : « Tout est à souhait et pour la sûreté et pour la réputation naissante » de son fils... Avant dix-sept ans, le voilà « un vieux mousquetaire et un volontaire qui a vu un fort beau siège et capitaine de chevau-légers ».

C'est se réjouir trop vite. Philisbourg pris, on court devant Manheim. La ville ne tient pas longtemps, mais le marquis ne laisse pas d'y être exposé à des risques. Il était dans la tranchée, assis sur la banquette et causant avec le comte de Guiche vers lequel il était un peu penché. Heureusement. « S'il se fût tenu droit », selon les conseils de sa mère, « il était mort » !

Un éclat de bombe l'atteint à la cuisse. Le coup est si rude que « la garde de son épée en a été entièrement « contournée »; mais, tandis qu'autour de lui tout est en peine et croit à une blessure, tandis que le bruit de celle-ci se répand, il se trouve que ce n'est qu'une contusion : « S'il l'avait eue à la tête, écrit Madame de Sévigné à sa fille, on pourrait s'inquiéter »; mais, « dans de bonnes chairs où il n'a fallu que de l'eau de la Reine de Hongrie[1] ! »

Dès le lendemain, le marquis monte à cheval. Loin de se désoler, « il faut mettre cette contusion dans le nombre de tout ce qui lui arrive de bon et d'avantageux pour sa fortune ». Son aventure est contée au roi. On vante « son application, son sens froid, sa hardiesse et quasi sa témérité »... « A seize ans, une blessure[2] ! » Toute la cour prend part à cette nouvelle. Madame de Maintenon, la première. Au chevalier de Grignan qui disait modestement : « Cela n'est rien », elle répond avec un air et un ton admirables : « Monsieur, cela vaut mieux que rien ».

Compliments et billets pleuvent, à Carnavalet, sur

1. L'eau de la Reine de Hongrie, dit le *Dictionnaire de Trévoux*, est une distillation, qui se fait au bain-marie, des fleurs de romarin sur lesquelles on a versé de l'esprit-de-vin bien rectifié. On l'appelle ainsi à cause du merveilleux effet qu'en ressentit une reine de Hongrie, à l'âge de 72 ans.

2. Il avait, en effet, 17 ans, moins quelques jours, quand il fut blessé.

l'oncle et la grand'mère; mais, ce qui achève tout, c'est que Monseigneur le Dauphin est en chemin pour le retour; le marquis également.

Il arrive un soir, à sept heures, à l'improviste, plus tôt qu'on ne l'attendait, le « petit fripon » ! Sa « *bonne-maman* » n'était pas rentrée de la ville : quelque visite où elle s'attardait, sans doute. Il ne trouve que son oncle le chevalier, l'éternel goutteux. Au bout d'un moment, Madame de Sévigné arrive. Quel ravissement ! « Couvert de gloire comme il est », il semble « que c'est un autre homme. » « Il me vouloit baiser les mains, je voulois baiser ses joues; cela faisoit une contestation; enfin, je pris possession de sa tête; je la baisai à ma fantaisie. »

Après les premiers épanchements, la blessure. La grand-mère brûle de la voir : « Mais comme elle est, ne vous déplaise, à la cuisse gauche, je ne trouvai pas à propos de lui faire mettre chausses bas ». La soirée se passe en récits. Le « petit compère » conte sa campagne, sa contusion « et le peu de cas qu'il en fit et du peu d'émotion qu'il en eut ».

Ce gentil seigneur est le contraire d'un fanfaron : « Il y a un air de vérité et de modestie dans tout ce qu'il dit qui ne sent point le style de ces jeunes gens évaporés qui ont toujours l'air d'être fous ou de mentir ».

Après les fatigues d'une campagne, le marquis va goûter un repos et des plaisirs bien mérités. Son précepteur, le fidèle M. du Plessis, continue de veiller sur lui, non sans lui laisser bien de la liberté. Le jeune homme s'émancipe. Il va coucher chez un baigneur et, glorieusement, l'annonce à sa mère. On sait ce que ces mots sous-entendaient alors.

Pour le conseiller, le diriger à la Cour et à la ville, il a les guides les plus précieux. Son oncle, le chevalier, lui dit « les meilleures choses du monde sur les grosses cordes de l'honneur et de la réputation ». Il lui apprend « d'être un homme avec une tête, voyant les grands inconvénients qui arrivent de n'en avoir pas ». Que d'excellents conseils ! « Il faut ménager son argent, il faut écrire ses dépenses, il faut les supputer, il faut ne dépenser rien d'inutile... » Sur ce chapitre, Madame de Sévigné fait chorus : « imiter l'air de grand seigneur conduit fort droit à toutes sortes d'injustices et enfin à l'hôpital ».

Avec cela, elle lui enseigne « le manège des conversations ordinaires, ce qu'il importe de savoir, ce qu'il seroit ridicule de paraître ignorer ». Elle lui prêche fort « l'attention à ce que les autres disent et la présence d'esprit » pour entrer dans une causerie avec promptitude et finesse : « cela est tout à fait capital dans le monde ».

Au reste, le marquis est revenu transformé par ces trois mois de campagne. S'il faut reconnaître qu'il n'aura jamais la belle taille de son père, toutefois il n'est pas petit : il est droit. Redisons-le. Dans son enfance, on avait tremblé qu'il n'eût l'épaule déviée.

Moralement, il n'a pas moins changé : cette timidité qui, depuis son enfance, tourmentait sa mère, cette taciturnité où il s'enfermait ont fait place aux plus sociables qualités : il cause, il répond « à tout ce qu'on lui demande et comme un homme de sens et comme ayant regardé ». Pour qu'il soit la fleur parfaite d'une civilisation aristocratique et raffinée, sa grand'mère et son oncle voudraient lui donner le désir des choses de l'esprit :

« Nous tâchons de cogner dans la tête de votre fils l'envie de connaître un peu ce qui s'est passé avant lui ». Mais le marquis demeure d'intelligence paresseuse. Lire les ouvrages sérieux l'ennuie. Lui-même l'avoue « tout bonnement ». Peut-on le gronder d'être sincère? Aussi bien, « il ne faut point le fatiguer, ni le contraindre... Sa jeunesse lui fait du bruit; il n'entend pas... Sa jeunesse l'occupe et lui prend tout son temps ».

Ses journées sont, en effet, extrêmement remplies. Il va à Versailles. Le duc de Lorges le présente. Écoutons là-dessus le jeune marquis lui-même :

« Il (le duc de Lorges) me donna rendez-vous à la porte de l'appartement de Madame de Maintenon pour le (le Roi) saluer quand il sortiroit. Je le saluai donc. Il s'arrêta et me fit un signe de tête en souriant... »

Le jeune marquis va aux levers, aux couchers. Monseigneur lui donne le bougeoir. Il dîne chez M. du Maine. Si une mascarade a lieu au Palais Royal, M. de Chartres l'envoie prier d'en faire partie. S'il y a un ballet à Trianon, il en est. Si l'on joue la comédie, il y va et voit Andromaque « qui lui était toute nouvelle » et Sertorius.

Partout il plaît. Il a bonne grâce dans son habit brodé que rehaussent la cravate de dentelles et les flots de rubans; on remarque son visage; on veut savoir son nom. Ce nom fait souvenir du père, de la mère, de la grand'mère et le gentil dameret « se trouve embrassé cinq ou six fois par de hauts personages qu'il. n'avoit jamais vus ». Il fréquente bonne compagnie, mange « aux bonnes tables ». Enfin on l'aime fort. Parfois, en souvenir de son père, certains prennent la liberté de l'appeler le *petit Matou*. Voilà qui est familier! D'autres plus polis, à cause de la jeunesse du marquis, disent : le *petit Minet*.

Il ne s'était pas alors établi l'usage que les hommes sont dispensés par leurs occupations de faire des visites. Dès qu'un seigneur en avait l'âge, on le produisait dans le monde. Il s'y formait aux bonnes manières, à l'habitude de la conversation : « Je menai hier, mon marquis avec moi; nous commençâmes par chez M. de La Trousse ». Puis ce sont toutes les dames, amies de la grand'mère. « Il ira bientôt de son chef. » Ainsi se rend-il chez les Castelnau. Leur maison est gaie, accueillante. Beaucoup de jeunes gens, des jeunes filles. Jusqu'à minuit, aux sons d'un hautbois, on y danse la gavotte et le menuet. Les demoiselles de Castelnau font les honneurs de ces bals improvisés. La cadette est « toute jolie, toute charmante ». Le marquis la préfère à l'aînée qui est *biglesse*. Il n'a pas tort; mais n'allons pas plus vite que lui; ne forgeons point de roman : « son cœur ne sent encore rien ».

« Vraiment, remarque la grand'mère, je ne sais comme ces petits garçons sont faits; ils ne sont guère empressés chez les petites filles… ils ne songent qu'à leurs équipages » ou « ils ne font que des *enfances* ».

En voilà une : pendant un souper chez M. de Lamoignon, Mademoiselle de Méri (une des amies de Madame de Sévigné) s'amuse à déguiser le jeune Grignan, « avec trois vieilles jupes noires si bien rangées, si plaisamment coqueluchonnées » que tout le monde le prend pour une femme et « l'attaque ».

Monsieur, frère du Roi, le premier « qui lui parle longtemps, sans le connaître, et M. de Chartres aussi ».

Nullement intimidé, le « petit espiègle répondoit à tout, fort plaisamment ».

*
* *

Tandis que le marquis de Grignan faisait campagne puis se distrayait joliment à Paris ou à Versailles, sa mère secondée par le marquis de La Garde, travaillait à lui faire un magnifique présent.

Que peut-on offrir à un jeune seigneur qui a entendu le canon et mené la vie des tranchées, sinon une compagnie ? Quelle joie pour le marquis quand il apprend le dessein de sa mère ! Quelle impatience juvénile et charmante à vouloir courir pour voir ses soldats. Les sait-il en route pour Châlons ? il part avec M. du Plessis. Sitôt arrivé, il s'informe sans se faire connaître :

« La compagnie est-elle là ? Est-elle belle ?

— Vraiment, Monsieur, elle est toute belle ; c'est une *vieille* compagnie qui vaut bien mieux que les nouvelles. »

« Vous pouvez penser, dit Madame de Sévigné à sa fille, ce que c'est qu'une telle louange à quelqu'un qu'on ne savoit pas qui en fût le capitaine. »

Le lendemain, la joie du marquis augmente encore, devient admiration : les chevaux « sont comme jetés dans le même moule ; les hommes sont faits exprès ». Madame de Grignan qui a tout choisi peut être satisfaite quoi qu'il y ait, comme elle dit, « quelque espèce de honte à se connaître si bien en hommes ».

Quelques semaines plus tard, c'est le départ définitif. Les quartiers d'hiver sont finis. Selon la phrase bien connue de Louvois, « il faut prendre parti : ou se déclarer courtisan ou s'acquitter de son devoir quand on est officier ». Le marquis part l'un des premiers ; sa grand'mère le mène dire adieu aux amis de toujours, aux parents ; il prend congé du Roi qui le regarde « d'un bon air ». Le voici, le 4 mars 1689, à neuf heures du soir, à l'hôtel Carnavalet, dans la chambre de son oncle, le chevalier. Après tant de bonnes soirées passées à deviser au coin du feu, celle-ci est la dernière. Madame de Sévigné écrit à sa fille ; le chevalier pense à sa goutte qui le cloue à Paris et le marquis, tout en griffonnant quelques lignes à sa mère, pâme de rire parce que le lendemain, il couchera à Guines la P...

Ce jeune « novice » est ravi de s'en aller, de « montrer le chemin aux autres » et, s'il y a la guerre, comme le bruit s'en affirme, « d'arriver tout reposé à Philippeville quand il faudra marcher, au lieu de tuer son équipage comme font les autres ».

Tout est à souhait. En ce début de mars, « le temps

est le plus beau du monde ». Jusqu'à Châlons, ce n'est qu'une promenade. Pour le *reste*, il n'est encore question de rien du tout. Ainsi, se moquant des inquiétudes de sa « bonne-maman », le marquis est fort gai. Quoique l'on ait songé à se débarrasser du sage précepteur « qui est un peu pesant sur vos coffres et inutile au marquis », dit Madame de Sévigné à sa fille, nous voyons M. du Plessis cette fois encore accompagner son pupille : « il en aura un soin extrême jusqu'à ce qu'il l'ait remis entre les mains des officiers du régiment de son oncle[1] ».

Bientôt, « toute l'Europe est en feu ». Le Prince d'Orange est un « nouvel Attila » et Madame de Grignan qui avait craint, pendant l'hiver, que son fils ne trouvât plus d'occasions de se distinguer, retombe à ses inquiétudes, à ses *dragons* dévorants.

Qu'elle se rassure, pourtant, et considère que « ce petit garçon est déjà tout accoutumé au métier, tout instruit, tout capable, ayant vu trois sièges à dix-sept ans ».

Dans l'armée du marquis de Boufflers qui va opérer en Allemagne, le jeune Grignan ne trouve que des amis. Pour plaire à M. le chevalier de Grignan, tous s'empressent et « font des merveilles » à ce petit capitaine qui, d'ailleurs, ne conservera pas longtemps ce modeste titre. S'il faut en croire sa grand'mère, que son amour et son désir de flatter sa fille abusent un peu, ce *marmot*

---

1. La compagnie du marquis avait été versée dans le régiment de son oncle.

est partout. L'épée à la main, à lui tout seul, il force un château et tue et enlève onze ou douze cents hommes : « Représentez-vous un peu cet enfant devenu un homme de guerre, un brûleur de maisons... avec un ton de commandement[1] ».

Un bonheur inespéré tombe alors sur lui. Son oncle, le chevalier, colonel du régiment de Grignan, doit, la mort dans l'âme, renoncer à servir. Depuis des années, il a la goutte et la fièvre, cela devient alternatif : « sa goutte en fièvre ou sa fièvre en goutte ». Il lui faut céder son régiment. Qui mettra-t-on « à la tête de cette belle troupe? » Tout parle en faveur du marquis : « des exemples, son nom, le mérite de père et d'oncle, le sien personnel ». Et c'est lui, en effet, qui est choisi. Les craintes sont dissipées. A dix-huit ans, être colonel d'un beau régiment : « on ne sauroit être plus avancé ».

Nul bonheur, cependant, n'est complètement pur. Ce régiment, il faut le payer. Le Roi en a fixé le prix. Deux mille pistoles. Où trouver une telle somme? Les Grignan sont « dans tous les abîmes »... Du grand au petit, ils doivent à tout le monde. Une certaine Madame Reinié, marchande de modes, à Paris, fait cent cinquante lieues pour réclamer son dû. Elle se présente à Grignan. Ce n'est plus une femme, mais une *Furie*, un *débordement d'injures*. Comment se tirer de ses pattes?

Madame de Grignan doit humilier son orgueil. Parce que c'est son intérêt, elle fait la douce. La Reinié emporte des promesses ; d'argent, point. Trois mois plus

---

1. Il s'agit du Château et de la petite ville de Kocheim.

tard, elle reparaît : « Est-ce que, d'aventure, Madame
de Grignan la fait venir, parler à elle, comme de la rue
Saint-Honoré à l'Hôtel de Carnavalet ou si le voyage
de Paris à Grignan lui paroît comme celui de Paris à
Livry !... » « La *pauvre personne* ! »

« Vraiment, s'exclame Madame de Sévigné, je ne
m'étonne pas qu'elle ait mal tout partout (c'était une
expression favorite de cette Madame Reinié); elle quitte
son mari, toutes ses affaires, pour aller trois ou quatre
mois, courir *tout partout*, dans la Provence, demander de
l'argent, n'en point recevoir, se fatiguer, s'en retourner,
faire de la dépense et, de plus, gagner un rhumatisme;
car figurez-vous qu'elle a des douleurs *tout partout*. »

La marquise qui « ne tient aucune place ni aucun
rang sur terre » voudrait aider sa fille. Le moyen!

Pas la « moindre somme portative »; elle n'a que de
« vilaines terres qui deviennent des pierres au lieu de
pain ». Si, du moins, Madame de Grignan avait permission de vendre la compagnie « ouvrage de ses mains »
qu'elle forma pour son fils; mais la chose est malaisée à
obtenir. « Cela fait voir que c'est tout de bon qu'il n'y
a point d'argent ». Appauvrie par les guerres continuelles et les frais de représentation, presque toute la
noblesse est à sec.

*
* *

Présentement, le jeune colonel est en garnison dans
un « diantre de lieu », au nom difficile à écrire, difficile

à prononcer : *Kaiserslautre* ou *Caseloutre*[1]. « Quand ce
seroit un mot breton, il ne seroit pas pis. »

Pour employer utilement son temps, sa grand'mère
lui conseille de lire : « Il le faut ; c'est une vilaine chose…
c'est une chose monstrueuse que d'être ignorant » et,
quand on aime la guerre, on doit aimer, tout naturellement, les histoires qui en parlent ». Conseils perdus.
Le jeune Grignan est « un peu *lendor* ». Lorsqu'il n'a pas
l'épée à la main et que les ordres à donner, la surveil-
lance de son régiment ne le requièrent pas, il mange,
boit ou dort. A ce régime, il engraisse. Comme il n'est pas
très grand, il devient gros. Il joue aussi malgré sa grand'-
mère qui le gronde et le tourmente : « Je lui fais entrer
que c'est sa ruine : s'il joue peu, il perdra peu mais c'est
une petite pluie qui mouille ; s'il joue mal, il sera trompé ;
il faudra payer et, s'il n'a point d'argent, ou il manquera
de parole ou il prendra sur son nécessaire. »

Madame de Grignan est obligée de le reconnaître :
l'honneur d'être colonel coûte extrêmement cher. On
doit représenter, tenir table ouverte, avoir de la vaisselle d'argent… C'est au moins mille francs par mois.
Faute de savoir s'y prendre, tout va à la débandade. Le
jeune colonel « jette l'argent » que ses parents ont tant
de peine à lui procurer et, cependant, « il n'a point bon
air dans son camp ».

Est-ce entièrement sa faute? Il est bien jeune « pour
être à la tête d'une si grosse troupe… C'est une affaire
à cet âge que de commander d'anciens officiers… »

1. En réalité Kaiserslautern.

Ce n'est pas en quelque mois qu'on peut savoir un métier « qui demande de l'expérience plus que tout autre ».

Charles de Sévigné qui a fait la guerre et qui est sensé met le doigt sur la plaie : « Il me paroît bien jeune, bien neuf, bien peu fait pour soutenir un aussi grand fardeau que celui dont il est chargé : un régiment de douze compagnies à dix-huit ans! Sera-t-il doux? on lui passera la plume par le bec[1]. Sera-t-il rigoureux et hautain? mais qu'il prenne garde d'avoir raison invinciblement, car d'user d'autorité et d'avoir tort fait retomber dans de grandes humiliations. S'il est obligé de faire quelque action de rigueur, c'est une grande extrémité; s'il évite cette extrémité, les conséquences en sont dangereuses surtout avec des *moustaches* et des *chamois*[2]. Enfin, je le plains : il est avancé de trop bonne heure et cet avancement fait son malheur; il fallait, ou que M. le Chevalier pût garder encore son régiment, ou que la Providence eût permis qu'il fût en état de servir et de veiller, par conséquent, à la conduite de ce joli enfant, » lequel, comme dit Madame de La Fayette n'est pas *cuit*; à qui il faudrait « encore un petit bouillon au coin du feu maternel ».

---

1. C'est-à-dire : on en fera un oison bridé à qui l'on passe une plume en travers du bec, pour l'empêcher de passer à travers les haies et d'entrer dans les jardins.

2. Ce mot veut dire, dans les troupes, un homme qui ne quitte pas son régiment pour faire sa cour et qui est uniquement appliqué à son métier. Ce nom vient de ce que les vieux officiers de cavalerie qui ne quittent point les troupes ont d'ordinaire une veste et des chausses de chamois *(Dictionnaire de Trévoux)*.

Passons sur les années de campagne du jeune colonel,
tantôt en Allemagne et tantôt en Piémont, ou courant
rejoindre l'armée de Catinat qui commence le siège de
Nice et « essuyant le feu qui est fort vif, en portant
des fascines au petit pas, car c'est le bel air » ! mais
quelles fascines! « Toutes d'oranges, de lauriers-roses,
de grenadiers, ils ne craignoient que d'être trop par-
fumés »; puis, retournant vers le Nord dans l'armée de
Monseigneur. Années d'angoisse. Madame de Coulanges en a laissé le pathétique tableau : « tout le
monde est fou dans Paris : on ne voit que des femmes
désespérées; les unes couroient les rues; les autres se
faisoient enfermer dans les églises; on entendoit : « Je
n'ai plus de mari, je n'ai plus de fils; d'autres ne disoient
pas ce qu'elles n'avoient plus mais elles ne s'en déses-
péroient pas moins ».

⁎⁎⁎

Grâce à Dieu, le marquis est épargné. Le voilà par-
venu à l'âge de vingt-trois ans. Depuis longtemps déjà,
dans sa famille, on voudrait lui voir faire un beau
mariage qui remplirait les coffres vides. Il avait à peine
dix-sept ans, que sa grand'mère rêvait, pour lui, à la
petite de Lamoignon : « elle aura cent mille écus, en
attendant mieux »; mais les Lamoignon dont la fortune
est bien assise ne veulent pas entendre parler de gens
endettés.

Mademoiselle d'Oraison ne conviendrait pas mal.
Elle habite Aix et est amie de Pauline de Grignan;

malheureusement, « c'est un lanternier que son père...
son style et sa mauvaise volonté sont pour mettre en
colère »... Que dirait-on de Mademoiselle de Castelnau? Elle a plu, naguère, au marquis. Madame de Grignan la repousse; la jeune fille n'est pas assez riche.

Qu'on lui donne plutôt la petite Cauvisson. Son
frère unique vient d'être tué à la guerre. Cette *jolie
fille* devient un grand parti; mais elle épouse son oncle.

Marier richement le marquis, dans son monde, est
une entreprise difficile, voire impossible. Nul n'ignore
la situation des Grignan acculés aux dettes «pressantes,
étranglantes », et que sous leur luxe, sous leur faste, ils
manquent du nécessaire.

Dans cette circonstance, deux partis restent. L'un
sur lequel Madame de Sévigné ne s'explique point :
des pierres[1]; l'autre sur lequel on ne s'explique que trop :
de l'or. Le mariage de l'héritier des Adhémars devient
un marché.

Il y a, alors, dans la ville de Montpellier, un sieur
Arnaud de Saint-Amans qui après avoir eu une commis-
sion, à Marseille, pour les vivres, aurait été ensuite
trésorier des États de Languedoc, puis était devenu
fermier général des domaines. C'est un homme de
finance et de finance toute neuve. La femme est une
bourgeoise; elle s'appelle Anne Racine mais n'est point
parente du poète. Le ménage a deux filles. On les dit
bien élevées. Elles auront une grosse dot : quatre cent

---

1. Sans doute quelque fille de noblesse ayant des biens, des châteaux
difficilement négociables.

mille francs comptant. Beaucoup plus dans l'avenir.

L'aînée, Anne-Marguerite, a dix-huit ans. Elle ne sent point sa roture : « Elle est jolie, aimable, sage, raisonnable au dernier point... » Un peu maigre, mais ses yeux sont « si beaux, si brillants qu'on en est ébloui[1] ».

L'intendant de Provence engage les pourparlers. Les Grignan s'efforcent de les tenir secrets. Ce mariage est une mésalliance. Rien ne presse d'en annoncer le projet. Déjà, on n'en clabaude que trop. A Paris, les langues vont leur train; on fagote mille dits et redits. Madame de Grignan le sait et souffre dans sa vanité; mais il faut bien « fumer les meilleures terres... » « De bel et bon argent et en quantité, voilà qui est d'un grand secours... » La nécessité la presse; ses amis, ses parents la poussent : « Faites, faites votre mariage écrit Coulanges; vous avez raison et le public a tort, très grand tort... Voulez-vous le (le public) mettre dans son tort, faites-vous donner une si bonne et si grosse somme en argent comptant, que vous vous mettiez à votre aise; un gros mariage justifiera votre procédé; tirez le plus d'argent comptant que vous pourrez : voilà la précaution qu'il faut prendre en pareil cas; le public dit et il n'a pas tort qu'il ne faut jamais compter avec les financiers sur les biens à venir et le public est persuadé, et il a raison encore, que la paix faite, on les pressera tant qu'on en ruinera beaucoup; prenez donc bien toutes vos mesures et consolez-vous d'une mésalliance, et par

1. Madame de Coulanges.

le doux repos de n'avoir plus de créanciers dans le séjour de beaux, grands et magnifiques châteaux qui ne doivent rien à personne et par la satisfaction de donner quelquefois dans le superflu qui me paroît le plus grand bonheur de la vie. »

D'ailleurs, les médisants finiront par se taire : « Aujourd'hui, on parle d'une chose et, demain, on n'en parle plus et quand vous présenterez au public une jolie marquise de Grignan et qu'il sera persuadé que vous en avez beaucoup de bien, il ne vous fera pas plus votre procès qu'à tous les gens de la première qualité qui vous ont montré ce chemin et qui ne croient pas, à l'heure qu'il est, en avoir la jambe moins bien faite ».

Il y a des approbations plus mortifiantes que des blâmes. Madame de Grignan dut le penser en lisant la lettre de son cousin.

Les négociations sont longues parce qu'elles sont laborieuses. Tantôt le bruit court que tout est rompu, puis que tout est refait. Au mois d'octobre, Mademoiselle de Saint-Amans vient à Grignan pour être présentée à sa future belle-famille; elle est « trouvée encore plus riche en perfections qu'elle ne l'est en biens ». Les Saint-Amans, qui sont « les plus honnêtes gens du monde », ont élevé un *chef-d'œuvre*. Est-ce l'avis du marquis? Le marquis! On ne l'a point consulté. L'union projetée est si bien une affaire qu'il n'a pas vu sa future. Il est dans les camps avec son régiment.

Enfin, le contrat est conclu. M. de Saint-Amans accepte de payer les dettes les plus criantes des Grignan, mais il a pris toutes ses précautions pour que la famille de son gendre ne lui coûte pas plus cher qu'il ne l'a décidé.

Le marquis arrive à Grignan. On lui accorde un mois pour faire la connaissance de sa fiancée puis on conclut le mariage. Il ne faut pas donner aux Saint-Amans le temps de se raviser.

La cérémonie a lieu un dimanche : le 2 janvier 1695. De l'*héroïne*, on dit des « merveilles ». Toute jeune mariée en entend autant : « Il n'y a pas deux avis sur son aimable figure et sur ses manières nobles et polies qui font honneur à son éducation », écrit Madame de Sévigné empressée, comme d'habitude, à soutenir sa fille. Pour le « héros, » il est toujours *joli*; mais il était gros, il devient gras. Pauline est adorable. La divine comtesse est plus belle que jamais. Seul, le comte de Grignan est mal en point. Il a des étourdissements qui effrayent à cause d'une « horrible chute » qu'il a faite, récemment, à Sorgues, dans un degré. C'est miracle qu'il n'ait pas eu la tête cassée. Son nez, son nez formidable a surtout porté et sa famille l'a vu reparaître avec de si « grands emplâtres que jamais *La Rapinière* ni *Le Destin*[1] n'en portèrent de plus remarquables ».

Quoique Madame de Sévigné prétende « que tous les acteurs nécessaires à la cérémonie s'assemblent de tous côtés », le mariage se fait en petit comité. Madame de Grignan ne désire nullement présenter les Saint-Amans à ses parents et amis.

La bénédiction nuptiale est donnée par l'évêque de

---

1. Personnages du *Roman comique*.

Carcassonne dans la collégiale de Grignan qui avait son chapitre comme une église royale. Le soir, trois tables sont servies dans la grande galerie du château; de gros feux sont allumés partout, les bougies sont innombrables et Madame de Coulanges qui, d'ailleurs n'était pas là, s'écrie, avec enthousiasme : « elles auroient obscurci le soleil s'ils s'étoient trouvés ensemble ».

Vers minuit, « on mène la mariée dans son appartement, on porte sa toilette, son linge, ses cornettes ; elle se décoiffe ; on la déshabille ; elle se met au lit ». Contrairement à l'usage établi dans le reste de la France, tout se passe avec la plus grande réserve. « Nous ne savons qui va, ni qui vient dans cette chambre ; chacun va se coucher ; on se lève le lendemain ; on ne va point chez les mariés ; ils se lèvent de leur côté ; ils s'habillent ; on ne leur fait point de sottes questions : « Êtes-vous mon gendre? Êtes-vous ma belle-fille?» Ils sont ce qu'ils sont ; on ne propose aucune sorte de déjeuner ; chacun fait et mange ce qu'il veut : tout est dans le silence et dans la modestie ; il n'y a point de mauvaise contenance ; point d'embarras ; point de méchantes plaisanteries et voilà ce que je n'avois jamais vu et que je trouve la plus honnête et la plus jolie chose du monde. »

.*.

Être la belle-fille de Madame de Grignan ! Ce sort est pour faire trembler.

A peine mariée, la jeune marquise reste seule. Le marquis est parti rejoindre son régiment. La voici abandonnée, livrée à ces gens qui ne l'aiment pas. Hormis sa belle-sœur, la gentille Pauline, on ne lui témoigne qu'aversion et dédain. Elle a beau se faire toute petite, les paroles méchantes, les allusions offensantes à ce qu'elle était, à ce que sont demeurés les siens, la blessent à tout moment. Qui saura jamais les larmes que cette jeune mariée a dû verser quand elle était retirée dans sa chambre !

Il avait été entendu que, pour la former au monde où son mariage la faisait entrer, lui en apprendre le ton raffiné, la politesse délicate, elle demeurerait trois ans à Grignan ; mais des contestations d'intérêt s'ajoutent aux humiliations que la marquise endure.

Madame de Grignan n'a-t-elle pas le front de déclarer qu'il serait vraiment « malhonnête » qu'on lui fît payer la rente de dix mille francs que, par le contrat de mariage, elle a promise à son fils ! Astucieuse, elle sort des mémoires qu'elle fait voir à chacun ; elle proclame qu'elle a payé neuf mille francs sur les dix mille et prétend s'acquitter en envoyant « une jolie somme de mille livres ». C'est s'en tirer à bon compte !

Mais M. de Saint-Amans est aussi fin qu'elle. Il proteste. A Paris, où il est, il fait grand bruit de ses « chagrins ». « Il conte que les Grignan l'ont trompé ; qu'on a voulu tout prendre sur lui et qu'il ne donneroit plus rien... que c'étoit au marquis à chercher du secours de ce côté-là... »

Ce côté-là est celui de Madame de Grignan. Elle

riposte. Elle a bon bec. Tant de fois, dans maints procès, elle a joué la comtesse de Pimbesche ! Finalement, M. de Saint-Amans vient à Grignan « plus doux qu'un mouton », déclare Madame de Sévigné. Ne nous fions pas à l'apparence. Simplement, le bonhomme met des formes à ce qu'il a décidé et qui est d'emmener sa fille qu'il sait malheureuse.

Madame de Sévigné a beau faire valoir, pour les parents et amis, que les avantages seront grands pour le jeune ménage, d'habiter à Paris, une belle maison, un *palais*, fort bien meublé et d'être nourris pour rien ; elle a beau assurer que la jeune femme « étoit si fondue en pleurs en disant adieu aux Grignan qu'il ne sembloit pas que ce fût elle qui partît pour aller commencer une vie agréable, au milieu de l'abondance », nous ne nous y laissons pas tromper.

Installée désormais chez son père, rue des Vieilles-Haudriettes, la jeune marquise mène une vie retirée. Elle est fort timide, son mari est absent ; crainte de nouvelles humiliations, elle se confine dans son monde à elle et les Coulanges remarquent qu'elle ne veut voir personne ou qu'elle ne voit pas bonne compagnie.

A la fin de novembre, le marquis rejoint sa femme. Toujours un peu « lendor », il se plaît dans la grasse vie que lui fait son beau-père ; il jouit d'avoir enfin de l'argent : « Dans cette richesse qu'il n'avait payé que de son nom, il s'épanouissait. C'est là, encore, un des justes châtiments de ces mésalliances. Cet or plaît à qui le reçoit. Ce luxe tout neuf séduit ; on s'en accommode, on s'y habitue. Cet or ne flétrit pas seulement le blason ; il châtre le gentilhomme[1] ».

Hormis une manière d'ambassade où le marquis de Grignan est chargé, en 1700, d'aller complimenter, de la part du Roi, le duc de Lorraine qui vient de perdre un jeune fils, et une campagne où il prend part, il n'y a plus que de petits faits dans son existence et, comme Madame de Sévigné n'est plus là pour les conter, ces faits semblent de peu d'intérêt.

En 1704, après la bataille de Hochstaedt, le régiment de Grignan reçoit ordre de se rendre à Thionville afin de s'y reformer. Comme tous les régiments de cavalerie à cette époque « il est dans un état de délabrement qui passe tout ce qu'on peut penser ; les chevaux mourant par dix ou douze, chaque jour, dans chaque régiment, et plusieurs n'ayant pas plus de cinquante maîtres à cheval[2] ». Les cavaliers sont également épuisés. Les maladies font de grands ravages dans les camps. Le marquis de Grignan est atteint de la petite vérole. Sa femme l'apprend à Paris et, aussitôt, part en chaise, afin de l'aller soigner. Arrive-t-elle à temps pour le revoir ? La date de la mort du marquis est incertaine.

Quelques documents disent qu'il a succombé le 12 octobre, d'autres le 10. Il avait trente-trois ans. Il était le dernier de l'illustre famille des Adhémars...

1. Fr. MASSON. *Le Marquis de Grignan.*
2. Dépôt de la guerre, volume 1754. Cité par Fr. Masson.

Son fils mort, la comtesse de Grignan n'a plus de raison de vivre. Le chagrin achève de miner sa santé délabrée. L'année suivante, en août, elle mourait à Mazargues, chez son beau-frère le chevalier de Grignan, de cette petite vérole si fatale à sa famille.

Pour la jeune marquise, devenue veuve, elle semble de plus en plus vouloir se faire oublier du monde qu'elle n'a jamais aimé. Très pieuse, elle ne vit plus que pour Dieu et pour les livres dont elle se plaît à réunir, dans sa bibliothèque, des exemplaires bien choisis et reliés avec art : « Elle s'enferma dans sa maison, dit Saint-Simon qui avait été l'ami de son mari, « où elle passa le reste de sa vie, peut-être une vingtaine d'années, sans en sortir que pour aller à l'église et sans voir qui que ce fût[1] ».

II. — PAULINE DE GRIGNAN.

Ce fut une fort jolie enfant. Madame de Grignan trouvait qu'elle ressemblait à « sa bonne-maman », à sa « *bonne* » ; elle a « un petit nez carré ».

« Hélas, répond Madame de Sévigné, ai-je été jamais si jolie qu'elle ? »

« Humilité glorieuse ! » Chez la plus naturelle des

---

1. En réalité, elle vécut jusqu'au 20 septembre 1736, c'est-à-dire plus de 50 ans encore.

femmes, le naturel, tout de suite reparaît : « On dit que je l'étois beaucoup. »

De bonne heure, la petite fille annonce qu'elle aura également bien de l'esprit. A cinq ans, elle commence à faire des lettres. Comme elle ne sait pas encore écrire, elle dicte à sa *Gogo* ; mais son style est aisé à reconnaître. Cette lettre est si jolie qu'elle circule de main en main. Madame de Sévigné la montre au chevalier et à l'abbé de Grignan. Une amie, Madame de Vins, qui la voit également, en est ravie : « Je vous dis que c'est une pièce achevée pour la naïveté ». Un peu plus tard, seconde lettre de Pauline, cette fois au coadjuteur de Grignan, son oncle. Nouvelles exclamations admiratives : « Je n'ai jamais vu une petite personne si bien appelée. En attendant qu'elle nous fasse rougir, je l'aime et l'embrasse de tout mon cœur. Réjouissez-vous de son joli esprit naturel. »

Pauline est un jouet charmant qui divertit. Madame de Grignan s'en amuse ; cependant, quand elle vient à Paris, en 1676, elle n'emmène pas l'enfant.

Les instances de la grand'mère n'y font rien. La petite, qui n'a pas trois ans, est laissée dans le couvent de la tante d'Aubenas.

Qui sait ! Dans ce milieu, Pauline commencera, peut-être, à prendre le goût de la vie religieuse. Madame de Grignan doit l'espérer, sa mère le devine. « Il est vrai qu'en quittant Grignan il faut la mettre *en dépôt* comme vous dites ; mais que ce ne soit donc qu'un *dépôt* ; et, cela étant, Madame votre belle-sœur est meilleure que nos sœurs (de Sainte-Marie d'Aix), car elles ne rendent pas aisément¹ ».

Deux ans plus tard, lorsque Madame de Grignan retourne en Provence, elle passe par Aubenas et reprend Pauline. Dieu soit loué! Elle n'est devenue « ni sotte, ni ricaneuse ». « Elle est jolie, aimable, vive et naturelle. C'est une petite fille à manger! » Tous ceux qui la voient en mandent des merveilles. Elle est la préférée de son père. Que Madame de Grignan la garde avec elle : « C'est la joie de toute votre maison ». Ah! surtout, point de couvent pour cette petite! « Son esprit est sa dot; voulez-vous lui ôter cela, la rendre une personne toute commune? Je la mènerois toujours avec moi, j'en prendrois mon plaisir, je me garderois bien de la mettre à Aix avec sa sœur... » Les religieuses y sont des « *baragouines* ». Enfin, « comme elle est extraordinaire, je la traiterois extraordinairement ».

Cette petite personne a des ruses, des inventions les plus inattendues, les plus aimables du monde! En 1680 (elle a six ans), elle entend dire que Madame de Grignan projette un voyage à Paris. On emmènera son frère, le marquis. Elle, non. Que fait-elle? Elle coud sa jupe à celle de sa mère. N'est-ce pas d'une grâce silencieuse et « d'un air à charmer ». Pauline est un prodige, répète sa bonne-maman. Elle sait à peine lire qu'elle lit les lettres de Voiture et le plus surprenant est qu'elle les entend, « comme sa mère et sa grand'mère ».

---

1. Allusion au sort de la petite Marie-Blanche, mise à cinq ans au couvent d'Aix et qui y demeura.

Une longue absence de Madame de Grignan fait qu'elle ne retrouve sa fille qu'en 1688 et à l'âge ingrat. La jolie figure de l'enfant a changé et ne fait plus honneur à une mère vaniteuse. Madame de Grignan dit sèchement : « Pauline est un *laideron* ».

Toute à la joie de revoir ses parents, ce « laideron » fait montre d'adorer sa mère, de lui être soumise. Tant de docilité, de pouvoir sur soi ne sont pas naturels. Cela met en défiance, et Madame de Sévigné dont le cœur s'émeut écrit :

« Elle me fait une pitié et une peine extrême. » La pauvre enfant en effet n'est pas heureuse. On sait les sautes d'humeur de Madame de Grignan, son égoïsme, ses exigences, ses caprices, l'aigreur de ses paroles.

Des reproches injustes, des gronderies continuelles pleuvent sur Pauline. Elle n'est plus une petite fille ; elle est presque une femme ; un jour vient où elle ose répliquer et refuse d'obéir. Il y a des scènes suivies de demandes de pardon, de raccommodements et puis les scènes recommencent. Madame de Grignan se plaint hautement : « Pauline est ceci ; Pauline est cela... Elle n'est pas docile, elle n'est pas douce dans sa chambre... » Parce qu'elle a une figure plaisante, on la croit toute de miel ; au contraire elle « est farouche. » Autre grief et plus grave : « Elle ne sait pas sa religion ! » Il faudrait l'envoyer au couvent pour redresser son éducation. Le beau prétexte ! Son motif intéressé perce trop visiblement. Mettre Pauline au couvent, c'est vouloir qu'elle y reste. Madame de Sévigné le devine et, de toutes ses forces, défend l'enfant contre la mère :

« Pauline n'est pas parfaite, tant mieux !... Elle n'est pas « un prodige prodigieux ! » Vous vous divertirez à la repétrir... Menez-la doucement ; l'envie de vous plaire fera plus que les gronderies... Parlez-lui de ce qui lui convient et vous ferez une merveille de cette petite cire molle que vous tournerez comme il convient ».

Mais l'éloigner ! « Les sœurs ne savent pas grand'-chose sur le sujet de la religion ni, d'ailleurs, sur les autres choses. »

Madame de Grignan cède et garde Pauline. Retirée presque tout le jour dans le cabinet de sa mère, cette « petite grande fille » mène une vie austère. C'est elle qui sert de secrétaire à la comtesse. Sans doute, n'est-ce point sans profits : « Elle apprend à penser; elle apprend la langue française que la plupart des femmes ne savent pas; vous prenez la peine de lui expliquer des mots qu'elle n'entendroit jamais », mais elle n'a guère de distractions que les visites des *Madames* d'Aix, enragées bavardes « qui font autant de bruit que la bise elle-même ». Vêtue d'une longue jupe, coiffée d'une cornette, compassée et fort cérémonieuse, — quelle drôle de petite bonne femme ce devait être ! — Pauline aide à les recevoir.

Si, une fois, on l'emmène dans le « joli tourbillon » de Marseille où elle assiste à l'Opéra qu'elle applaudit « avec une surprise, un émerveillement, une naïveté » qui plaisent, il arrive aussi que sa mère lui refuse, à Aix, un petit plaisir, celui de danser chez la bonne Langlée :

« Quel mal y avoit-il à la laisser y aller? » demande
la grand'mère.

.·.

Deux êtres ayant les mêmes défauts ne s'entendent
guère et la vie commune, entre eux, amène bien des
heurts. Or, Pauline ressemble à sa mère « dans ce que
celle-ci a de moins parfait. » La graphologie qui n'est
peut-être pas toute la vérité peut, sur un caractère,
jeter un rayon de lumière juste. Constatation curieuse :
Madame de Grignan et sa fille ont la même écriture.
Madame de Sévigné elle-même en est frappée : « Je
regardois l'autre jour, son écriture (celle de Pauline);
elle ressemble tout à fait à la vôtre ». Cette écriture,
d'ailleurs, n'est pas belle : « Pattes de mouche », dit
Madame de Sévigné, « hiéroglyphes », s'écrie Charles de
Sévigné. « Hiéroglyphes d'une grande et belle variété...
qui ne laisseront pas de plaire aux yeux quand on les
aura amenés au point de ne plus être inintelligibles à
l'esprit. »

Par bonheur pour elle, Pauline aime à lire. « La
jolie, l'heureuse disposition! On est au-dessus de
l'ennui et de l'oisiveté : deux vilaines bêtes? »

Que lit-elle? dans quoi a-t-elle le nez fourré? Dans
les *Métamorphoses.* « Elle est bien avancée et aura du
chemin à faire pour revenir, de là, aux ouvrages pieux,
« à la *Guide des Pécheurs...*, aux *Essais de Morale* ».
Pauline n'y pense guère. Les *Métamorphoses* finies, elle
prend un roman. C'est de son âge : « Je ne veux rien

dire sur les goûts de Pauline, écrit Madame de Sévigné ; je les ai eus, avec tant d'autres qui valent mieux que moi que je n'ai qu'à me taire. Il y a des exemples des bons et des mauvais effets de ces sortes de lectures. Je les aimois, je n'ai pas trop mal couru ma carrière ; tout est sain aux sains ». Mais les romans, les comédies, les *Voiture*, les *Sarrasin*, tout cela est bientôt épuisé ; « il seroit bon que Pauline ne tournât pas son esprit entièrement du côté des choses frivoles ». Il faut se plaire aux lectures solides : de l'histoire, un peu de géographie... « Si on a besoin de lui pincer le nez pour lui faire avaler, je la plains... son esprit aura les pâles couleurs... »

Vers cette époque (mars 1689) Madame de Grignan s'avise d'une découverte. Pauline a la vocation religieuse. Est-ce possible ! Il y a quelques semaines, la comtesse elle-même reprochait vivement à sa fille de ne pas savoir sa religion, de n'être pas dévote. Hé bien ! tout est changé !

Ce serait si commode, cela arrangerait si bien les affaires des Grignan de n'avoir pas à doter Pauline !

Mais, à Paris, la grand'mère s'indigne. Après Marie-Blanche va-t-on faire une autre victime ! Madame de Sévigné tire sa fille « par la manche » et secoue la tête et répète :

« Aimez, aimez Pauline. Conservez-la, jamais vous ne serez embarrassée de cette enfant. »

Heureuse intervention. Au bout de quelques mois, les rapports entre la mère et la fille deviennent moins difficiles. Peut-être, Madame de Grignan marque-t-elle plus de patience ou est-ce Pauline qui montre plus de douceur et de docilité?

Pourtant quel drame secret, quelles discussions orageuses et répétées laissent deviner une brusque décision de Pauline, un coup de tête et de désespoir. Que fait-elle? Une chose inouïe, vraiment, si l'on songe aux usages du temps et comme elle est élevée. A l'insu de ses parents, elle écrit à Madame d'Épernon, carmélite à Paris, pour lui témoigner le désir de prendre l'habit dans son ordre. Cette petite fille a de la décision et du feu; mais Madame de Sévigné, encore une fois, n'est point dupe.

« Que j'aimerois à savoir la colère de Pauline d'où il sort des vocations à la douzaine... Ah! ma pauvre petite que je voudrois bien être là pour vous apaiser, pour vous remettre l'esprit. » Et, comme dans les « petits procès » que Pauline a avec sa mère, l'aïeule sait bien que l'enfant n'a pas forcément toujours tort, elle ajoute, s'adressant cette fois à Madame de Grignan : « il me semble que vous êtes méchante ».

*
* *

Pauline est-elle jolie? Importante question puisque ses attraits physiques constitueront le meilleur de sa dot.

A considérer ses portraits, quand elle fut devenue Madame de Simiane, elle apparaît avec quelque chose de sec, de pointu; mais, à seize ans, elle est fort plai-

sante. Grande, la « taille libre et adroite », elle a
« bonne grâce », elle a « l'air noble ».

Pour ses yeux, « ah! qu'ils sont jolis!... Ils sont
bleus avec des paupières noires » (des paupières cer-
nées). Ses cheveux sont châtain-brun; tout à fait semblables à ceux de la duchesse de Bourgogne, remar-
quera, un jour, Madame de Grignan. Pauline a le teint
mat : « C'est un joli bonheur pour elle de ne rougir
jamais ».

Ce fut le vrai « rabat-joie » de la jeunesse de sa
mère et de sa grand'mère, « c'est une persécution dont
le diable afflige la jeunesse » et la belle Madelonne en
souffrait si vivement qu'elle en quittait « le bal et les
grandes assemblées, quoique tout le monde tâchât de la
rassurer en l'élevant toujours au-dessus des autres
beautés ».

Pourquoi faut-il qu'à la charmante Pauline M. de
Grignan ait transmis son nez? Fâcheux nez! son excès
est embarrassant; sans lui, la jeune fille « auroit brûlé
le monde ». Ce nez, hélas, gâte tout ! Si Pauline n'est
pas une beauté régulière, elle a du « piquant », toute sa
personne est « assaisonnée », sa physionomie est « spiri-
tuelle ». Au moral, elle est la gaieté même, avec,
volontiers, des pointes de facétie; l'habileté qu'elle a de
contrefaire excite les rires. C'est dans la famille. Son
frère, le marquis, est « assez bon singe aussi »; enfin,
c'est une diablesse, une *friponne*. Ne se fait-elle pas une
tristesse plaisante de ce verset du *miserere* que sa mère
l'a conçue dans le péché. « C'est, en effet, une chose
fâcheuse à dire ! »

Certain mardi-gras (1690), elle dit qu'elle sent le carnaval « dans la moelle de ses os » ; alors, elle imagine une comédie qui réjouit tout le château. Elle commence par danser des danses de son invention. Puis elle se déguise. C'est le goût du temps. Le XVIIᵉ siècle a adoré les mascarades. Elle met un bassinet : elle bouffonne et, tantôt jeune écervelé qui dit que son épée est demeurée par hasard à la garnison, tantôt « vieux officier » qui a vu la bataille de Rocroi où il assure s'être distingué « agréablement » en tuant le trompette qui avait éveillé trop matin M. le Prince, elle conte ses prouesses et ses bonnes fortunes, avec « tant de naturel et de vivacité » que son oncle, le chevalier de Grignan, « malheureux Sisyphe » torturé par une goutte éternelle, en oublie ses douleurs, que sa mère en est malade de rire et que son père, « dont le goût est des plus délicats », pâme également malgré son habituel sérieux : « ce sont de grandes approbations pour Pauline ! »

Ces approbations ne sont pas pour nous surprendre : Pauline a une « petite imagination qui lui fait retenir et dérober finement ce qu'elle entend dire à sa mère » ; elle se saisit ainsi « de toutes les miettes qui tombent », pour s'en servir « ensuite, dans les occasions ». Ajoutons qu'elle danse bien, avec grâce, avec noblesse ; on ne concevait pas alors l'une de ces qualités sans l'autre ; sa mère a été son maître à danser ; elle a une jolie voix, et aime à chanter des chansons.

Mais elle possède des qualités plus sérieuses. Entre son père et sa mère follement dépensiers, elle donne la surprise de se montrer sage et économe.

Elle calcule sur ses menus plaisirs et met de l'argent de côté.

De qui tient-elle ces dispositions? Est-ce « un coin du bon esprit du pauvre Bien Bon » qui revit en elle? C'est fort heureux : « Il est toujours bien mieux de savoir ce que l'on fait, que de vivre en aveugle et en sourd et en muet ».

Dans la famille, on la plaisante de ce qu'elle commence à faire des conquêtes! Conquêtes sans conséquences.

D'abord, celle de son cousin, le petit Coulanges. Il l'a vue lorsque, accompagnant le duc de Chaulnes dans son ambassade à Rome, il s'est arrêté au château de Grignan. Coulanges est « rond comme une boule ». C'est un gros mangeur et qui boit sec : « Dieu merci, je n'ai point à me reprocher l'eau que je bois, dit-il; il y a des jours qu'il n'en entre pas goutte dans mon corps ». La vieillesse « est autour de lui »; il a cinquante-trois ans passés; mais il avoue qu'il ne la sent pas du tout; il a ses jambes de vingt ans. Avec cela, « gai et joli[1] ».

Sitôt Pauline vue, il s'en déclare amoureux. Et Pauline d'assurer « qu'elle ne craint point de détruire, qu'au contraire elle prétend surpasser les louanges » que son cousin lui donne. La *friponne* s'amuse. De son côté, Coulanges, amant fidèle, fait voler le nom de sa conquête jusque dans les pays étrangers. Poussant le badinage, il déclare : « Je veux l'épouser ».

---

1. Joli, au XVII⁰ siècle, avait encore son sens primitif : qui a de l'entrain, de la vivacité dans l'esprit.

On lui oppose qu'il est marié.

« Hé, je demanderai permission au Pape ; je le prierai de me donner Avignon ; Pauline s'appellera Comtesse d'Avignon ! »

Plein de galanterie, il cherche, au moment de quitter Rome, quel cadeau rapporter à Pauline. Un chien, un petit chien lui ferait-il plaisir? Sans doute ; malheureusement, Madame de Grignan s'y oppose et sortant son cartésianisme : « Nous ne voulons aimer que des créatures raisonnables... Si elles (les créatures qui ne sont pas raisonnables) étoient montées pour n'avoir aucune nécessité malpropre, à la bonne heure! mais ce qu'il en faut souffrir, nous les rend insupportables... » A quoi bon, d'ailleurs, des présents : « Vous serez assez bien reçu pour gagner le cœur de votre future épouse ».

Après le cousin, l'oncle : Charles de Sévigné. Sur ce qu'on lui a dit de sa nièce, « il s'en fait une idée charmante et préférable aux grandes beautés » ; il la veut voir et supplie qu'on lui envoie son portrait : « il passe souvent des peintres qui viennent de Rome ; il y en peut avoir de bons à Aix... » Entrant en plein dans son rôle, et affectant le langage d'un héros de tragédie ; il parle de son *martyre*, des *rigueurs de l'absence* »; Pauline est sa *princesse*, sa *divinité*, son *infante*, sa *jolie infante*, « éveillée et fafelue » qu'il embrasse, mais « chrétiennement et en oncle », jusqu'au jour où son imaginaire passion ayant continué de croître, il s'écrie qu'il n'est plus « qu'un berger extravagant... que fait devenir folle, sa bergère, par l'honneur de son amour ».

*
* *

Avec toutes ses qualités, Pauline devrait être recherchée « au bout du monde par tout ce qu'il y a de meilleur », déclare Madame de Coulanges. Cependant, elle
ne se marie pas : « Sans dot » est une phrase qui « coupe
la gorge » aux jeunes gens.

Si, au moins, elle était à Paris, elle se rendrait aux
fêtes, aux petits bals, par exemple, que donne Madame de
Bracciane ; ils finissent à dix heures du soir : « On y
voit toutes les héritières à marier et c'est à ceux qui y
prétendent à les aller faire danser ».

Et voilà que, dans les derniers jours de l'année 1691,
ce voyage à Paris, qui devait apparaître à Pauline
comme un rêve magnifique, soudain se réalise. On
l'emmène. Elle revoit la grand'ville qu'elle avait vue
toute petite ; on la présente à Versailles dont elle avait
entendu parler tant de fois aux siens et aux hôtes de
marque qui passaient par Grignan.

Elle plaît. On trouve que « sans avoir la beauté de sa
mère, elle a si bien mitigé et radouci l'air des Grignan
qu'elle est, en vérité, fort jolie ».

Fréquemment, les oreilles doivent lui corner et surtout l'oreille droite, car c'est, paraît-il, « l'oreille droite
qui corne quand on dit du bien... » Chacun s'accorde à
louer la jeune Mademoiselle de Grignan par tout ce
qu'elle a de louable. Il n'est personne qu'on ne vante
« plus souvent, ni plus sincèrement qu'elle ». Réservée,
mesurée dans son ton, elle est la *sage*, la *raisonnable* Pau-

line; elle a des manières de s'exprimer « si naturelles
qu'on est très persuadé qu'elle a dans le cœur tout ce
qu'elle dit » et elle ne dit rien que de sensé et d'aimable.

Elle est de toutes les fêtes. Chose surprenante :
quoique ces années de 1692, 1693 soient pleines de tourments, que la guerre soit sur tous les fronts, qu'on
n'entende parler que de morts et de blessés, qu'on n'ait
que des visites de consolation à faire, que la misère soit
terrible, qu'on conte des histoires de pauvres gens qui
meurent de faim, on ne laisse pas d'offrir des fêtes admirables.

L'une des plus magnifiques est celle qui est donnée
à l'occasion des noces de Mademoiselle de Louvois.
Pauline n'y assista point; elle venait de repartir « pour
Provence » avec ses parents; mais Madame de Sévigné
nous en a conté les détails : « La petite mariée étoit
toute brillante d'or et de diamants... Toutes les cousines et les sœurs avoient de beaux habits tous neufs
de différentes couleurs avec beaucoup de pierreries :
cela faisoit le plus bel effet du monde, comme l'émail
d'un parterre... Les appartements étoient si bien parés
qu'on n'avoit point le temps de s'ennuyer... Toutes les
pièces étoient ouvertes pour allonger l'enfilade ; le
souper coûte six mille francs. Il y avoit quatre tables;
tout y étoit exquis. » Pour compléter la fête, « il y eut,
les deux derniers soirs, une illumination très admirable
dans la cour, le degré et toutes les chambres ». Langlée,
organisateur des réjouissances, « avoit raffiné en cette
occasion ».

« Charmante Pauline, » écrivait vers cette époque, Coulanges à sa jeune cousine, « il faut vous souhaiter un mari et un mari digne de vous. » Ce souhait ne tarde pas à se réaliser. Bientôt, on apprend que Pauline est fiancée au marquis de Simiane. Ce mariage, Madame de Grignan l'a disposé « dans son bon esprit », depuis fort lontemps. Tout y est noble et avantageux pour une fille de la maison de Grignan qui a trouvé un homme et une famille qui compte pour tout, son mérite, sa personne et son nom et rien du tout le bien ». Le fait est rare. Dans tous les autres pays, « c'est uniquement ce qui se compte ».

Fils de cette Madame de Simiane, amie de Madame de Grignan qui dut se séparer de son mari, à cause de ses galanteries, le marquis de Simiane est un « jeune et joli seigneur », dont le « nom n'est pas inconnu ». Il appartient à une famille de Provence; ses terres touchent à celles des Grignan et il apporte à Pauline 25 000 livres de rente. D'un caractère sérieux, on le loue de ne pas être « comme les jeunes gens de ce temps-là qui semblent avoir le diable au corps ». « Tous ceux qui ont eu l'honneur de le voir ne désirent que le voir davantage. »

Les fiançailles sont longues. Madame de Grignan est alors fort souffrante. De continuelles hémorragies l'épuisent et l'ont changée « à n'être pas reconnais-

sable ». Elle ne profite d'aucune nourriture : « cela vient
du mauvais état de son foie dont il y a longtemps qu'elle
se plaint. » Pour guérir sa fille, Madame de Sévigné
s'avise d'une idée. Curieuse intuition de ce que la science
moderne réalisera : « Ah ! si par quelque subtil enchan-
tement », ceux qui se portent bien, comme Coulanges,
pouvaient envoyer « tout le sens, toute la force, toute la
santé, toute la joie » qu'ils ont de trop « pour en faire
une *transfusion* » dans la machine de la malade.

Au lieu de cela, Madame de Grignan est entre les
mains d'un médecin qui la saigne : « étrange remède qui
fait répandre du sang quand il n'y en a déjà que trop de
répandu ! c'est brûler la bougie par les deux bouts », dit
elle-même Madame de Grignan.

A la fin de l'année (29 novembre 1695) le mariage a
lieu. Pas de bruit, pas de cérémonie. « Rien qui ait l'air
d'une noce… Tout se passe dans l'intimité. » La maladie
de Madame de Grignan est un excellent prétexte ; mais
pour dire vrai, les finances des Grignan sont de plus en
plus obérées. Pauline ne reçoit que la maigre dot de
20 000 francs.

Peu de jours après le mariage et afin d'éviter l'ennui
des visites et des compliments des « Madames » qu'on
avait vues surgir après les noces du jeune marquis, Pauline et son mari quittent le château des Adhémars :
« chat échaudé craint l'eau chaude, dit Madame de Sévigné ». Ils vont s'installer à quelques lieues de Grignan
dans la petite ville de Vauréas : « Que Pauline est
heureuse d'être dans un pays qui porte un aussi joli
nom », remarque Coulanges qui se souvient de son atta-

chement pour un valet de Madame de Grignan, « seulement parce qu'il étoit de Vauréas ».

Dans l'aimable petite ville, Pauline a « un palais très magnifiquement meublé », où elle donne le ton à toutes les dames. Viennent les jours gras, elle brille dans les bals. Mais, bientôt, elle va connaître son premier grand chagrin. Cette année-là (le 17 avril 1696) Madame de Sévigné meurt à Grignan.

Pauline, nous nous en souvenons, était la préférée de sa grand'mère : Ce n'est pas seulement une aïeule qu'elle pleure tendrement, « c'est la plus aimable amie qui fut jamais ».

*
* *

En novembre 1699, nous retrouvons Madame de Simiane à Paris, où elle a accompagné son mari. Elle est enceinte et sa grossesse est pénible ; néanmoins, elle se produit beaucoup dans le monde. Elle est du bel air. Une jeune princesse, alors, mène le branle : « Le Roi veut que Madame la Duchesse de Bourgogne fasse sa volonté depuis le matin jusqu'au soir et c'est assez pour qu'elle s'en donne à cœur joie. Ce ne sont donc que voyages de Marly, de Meudon, qu'allées et venues à Paris pour les opéras, que bals et mascarades et que seigneurs qui, pour ainsi dire, mettent couteaux sur table pour s'attirer les bonnes grâces de la jeune princesse. Les dames qui entrent dans les plaisirs ont besoin de leur côté d'être bien en leurs affaires : la dépense est quadruplée ; on n'emploie pas moins pour les mascarades que des étoffes de 100 et 150 francs l'aune et quand, par malheur, quelqu'une est obligée de faire paroître deux fois un même habit, on dit qu'on voit bien qu'elle n'est venue à Paris que pour s'habiller à la friperie[1] ».

Pauline est très recherchée : « On ne peut avoir plus d'esprit, ni un esprit plus aimable que le sien ; une charmante humeur : il n'est pas possible de se dépêtrer d'elle », dit sa cousine de Coulanges.

Mais, dans son intérieur, Pauline est-elle heureuse ? La lune de miel finie et passé les premiers mois où les jeunes époux ne se quittent « qu'avec bien du regret », où M. de Simiane soupire « qu'il n'est pas aise tout seul », de fréquents « nuages » s'élèvent entre Pauline et son mari. Nous le savons par Madame d'Uxelles. Il y a des discussions violentes quand M. de Simiane vend sa charge de sous-lieutenant des gendarmes écossais, malgré sa femme. Perte d'argent, en effet, pour le jeune ménage. Plus encore : manquement à l'honneur.

Coup sur coup, Pauline est atteinte dans ses affections les plus profondes. Elle voit mourir son seul fils ; puis, à quelques mois de distance, son frère, le marquis, et sa mère lui sont enlevés. Après la mort du comte de Grignan, le marquis de Simiane, qui est premier gentilhomme de la chambre du duc d'Orléans, doit à la protection de ce prince la lieutenance de Provence où il succède à son beau-père. Il ne jouit que trois ans de sa charge.

Devenue veuve, Pauline demeure à Paris comme dame de compagnie de la duchesse d'Orléans. A nou-

---

1. Lettres de Coulanges.

veau, dans le monde, elle fait grande figure. Au moment
où Law est l'homme du jour, elle le reçoit à dîner. Faveur enviée. A quelles ruses certains n'avaient-ils pas
alors recours pour approcher le célèbre financier ! Écoutons là-dessus la *Palatine* : Madame de Simiane et ses
invités étaient à table. Tout d'un coup, des cris éclatent
dehors : « Au feu! Au feu! » Les convives se lèvent
précipitamment. Law descend dans la cour pour se
rendre compte de l'endroit où l'incendie a éclaté. Il ne
voit rien qu'une femme, Madame de Bouchu, que l'agio-
tage a rendue comme folle : « elle lui saute dessus pour
ainsi dire et lui dit que c'était un subterfuge de sa part,
afin de réussir à lui parler et à lui demander des actions ».
Quelques mois plus tard, en 1720, elle est une des
quatre dames choisies pour accompagner jusqu'à Antibes
Mademoiselle de Valois, fille du Régent qui doit épouser
le duc de Modène.

C'est le dernier épisode de sa vie à la cour. Ses
affaires, désormais, la retiennent en Provence. Contre
les innombrables créanciers du comte de Grignan, elle
doit soutenir maints procès. Il faut vendre l'admirable
château des Adhémars. Revenue des distractions, des
plaisirs qui lui avaient plu quand elle était jeune, elle
passe la fin de sa vie à Aix, élève ses filles, les marie.
De plus en plus confinée à son rôle de mère, puis d'aïeule,
on ne la voit guère sortir de sa maison qu'elle orne avec
un goût délicat. Elle est une de ces veuves qui fré-
quentent pieusement les églises et assistent aux offices.

Elle mourut le 3 juillet 1737 et fut enterrée dans la
chapelle de la Visitation d'Aix.

TABLE DES PLANCHES

TABLE DES MATIÈRES

92378. — Paris, Imprimerie LAHURE, 9, rue de Fleurus. — 1925.